心靈測謊

你的心事，一分鐘也瞞不住！

劉惠丞　田由申 —— 著

美國心理學家麥拉賓（Mehrabian）

訊息傳播的效果＝7%的語言＋
38%的語調語速＋
55%的表情和動作

- ◆ 察言觀色，五官隱藏不了情緒反應
- ◆ 一個不經意的小動作，其實大有深意
- ◆ 口頭禪、語速、語調，一秒窺破真相與謊言

目錄

目錄

第四章 聞聲聽音，一分鐘讀懂他人心

第七章　生活習慣，一分鐘了解對方

前言

在現實社會中，我們要想獲得生活上的和諧和事業上的成功，就要學會與人打交道，就要與各種人處理好關係。因為，只有人際關係協調了，我們才能獲得更多的支持和幫助，才能夠把想辦的事情辦好，才能夠遠離各種可能的禍患。而想擁有良好的人際關係，就要學會讀懂他人的心。

事實上，世界上任何事情都是有端倪可察、有蹤跡可循的。月暈而風，礎潤而雨。人的心理並不是不可知的，也有外露的時候。事實上，非語言行為在大多數時候比真正的語言更能使我們了解別人。

心理學家麥拉賓（Mehrabian）曾提出一個公式：

訊息傳播的效果＝百分之七的語言＋百分之三十八的語調語速＋百分之五十五的表情和動作。

可見，非語言行為是最直接、最真實表露人心的一種方式。

首先，內心是透過情感流露出來，所謂「喜形於色」、「怒髮衝冠」、「眉開眼笑」等等，就

描述了人的外部表情可以反映內在的心境和情緒。

其次，內心透過行為動作流露出來，如有人凝神閉目思考時，忽然失聲長嘆；有人一邊走路，一邊喃喃自語；有人情不自禁，手舞足蹈……。

此外，內心活動還可以透過生理變化暴露出來，如青筋暴起、面紅耳赤、呼吸加快、語音變化等等。

所以，我們說，只要留心觀察，人心是可知的。同時，我們也可以練就「一眼看穿」、「一語道破」的高超識別他人的技巧。短短幾分鐘的交往，快速看透他人的內心，快速讀懂他人，快速了解他人，並防範和制服那些不懷好意的人。這將會讓我們在為人處世中變得更加從容、更加機警、更加敏銳、更加精明和更加成熟。

第一章　以貌察人，一分鐘讀懂對方

一個人的外貌是一個人內心的投射，它能流露出比言行更為真實的資訊。如果你能快速讀懂對方的外貌，那麼，你就能瞬間了解對方。

1 看相貌，知性格

相貌是人天生的，他們和性格有著密切的關係。性格是指人對現實中客觀事物經常的穩定態度，以及與之相應的習慣化了的行為方式。比如說，有的人小心謹慎，有的人敢拚敢闖，這就是兩種截然不同的習慣化了的行為方式，人們根據他們外顯出來的習慣特徵來判別這兩種人的性格差別。

性格的形成固然會受到遺傳因素的影響，但主要是在後天環境中磨練出來的，且定型之後有很強的穩定性。一夜之間判若兩人的情況多半屬短期行為，是因為受到莫大刺激突變的結果，一段時間以後，固有性格又會重現，這是因為習慣的行為方式的緣故。性格成形穩定後，既不容易改變，對人的行為也會產生極大的支配作用。習慣逆來順受的人，如果不經歷大波折、大痛苦，很難迅速轉變成一個堅決果斷、有氣敢出在別人身上的人。

在需要做出大決斷的關頭，最能表現一個人性格的優劣：決斷之間，幾乎已經裁定了成功與失敗。性格優良的人面對錯綜複雜的危機時，能夠沉得住氣，全神貫注於問題之中，心無旁

鶩，不為他事所擾，像釘子一樣專攻一點。因此，能夠獲得成功。排除巧合、運氣因素外，這中間是習慣化了的行為方式在發揮關鍵性作用。

專家研究發現，一個人性格與相貌有很大的關係。體貌高大，儀表堂堂，生此相者，掌重權，具有很強的決斷力和行動力；而厚樸穩重之相，性情溫順和氣，行動老練持重。

歷史上關於這類事情，有許多趣話。

呂公到沛縣客居，縣令待為上賓。有一次呂公祝壽，蕭何擔任主吏，負責迎接賓客和收受賀禮，送禮不滿一千兩的人，在堂下就坐。高祖寫了張禮單「賀錢一萬」，其實一兩也沒帶。呂公大驚，看到高祖的相貌，就非常尊敬他，酒宴快結束的時候，呂公說：「我從小喜歡為人看相，相過的人已經很多了，沒有一個比得上你的相貌，希望你好自珍愛。我有一個女兒，願意把她嫁給你做扶箕掃帚的妻子。」酒宴結束後，把女兒嫁給劉邦，這呂公的女兒就是呂雉，生了孝惠帝和魯元公主。

過去，漢武帝喜歡打獵，有時是群臣齊往，盛況浩大，有時則是輕服便裝，只帶小隊人馬。有一次輕服便裝打獵晚歸，路經一村子借宿，開門的老頭見來者不善、帶著弓馬刀箭，以為是盜匪，不敢怠慢。待漢武帝一行人歇下後，老頭子找老太婆商量，想去招呼集結村中的年

輕人來攻打這群盜匪。老太婆急忙制止老頭子：「我看那領頭的人氣度不凡，容貌之間有種頂天立地、不為事勢所屈折的氣概。這不應該是普通貴人的容貌，一般盜賊更不用提了，還是謹慎一點好。」

漢武帝的侍衛自然將此話聽在耳中，報告給漢武帝。第二天早起，見一夜無事，老頭子心中稍安。不過數日，朝廷下旨封老夫婦的官。原來漢武帝驚奇於老太婆的識人能耐，故有心照顧二老。

如此看來，老太婆雖沒有多少官場經驗，但生活經驗卻教給她一些相貌與人的性格、品格、才能的關係，因而有此趣聞留傳後世。

在社會交往的過程中，除了要考慮對方身分以外，還要注意觀察對方的性格。一般說來，一個人的性格特點往往透過自身的言談舉止、相貌變化等方面流露出來。人的相貌和性格有說不清的千絲萬縷的關係。

古人認為，好的面相是：面相有威嚴，意志堅強，富有魄力，處事果斷，無私正直，嫉惡如仇；脫髮禿頭，善於理財，有掌管錢物的能力；顴骨高聳圓重，面目威嚴，有權有勢，從人依順；顴高鼻豐並與下巴相稱，中年到老年享福不斷；顴隆鼻高，臉頰豐腴，晚年更為富足；顴骨高聳，眼長而印堂豐滿，臉相威嚴，貴享八方朝貢。

看面相認為不好的面相是：顴高臉頤削瘦，做事難成，晚年孤獨清苦。顴高而鬢髮疏稀，老來孤獨；顴高鼻陷，做事多成亦多敗。薄臉皮的人常常會被誤認為高傲，或者低能。這些誤解更增加了薄臉皮在人際交往中的困難。因此，他們在處理問題時常常不敢大膽行事，寧願選擇消極應付的辦法，他們對工作往往但求無過，不求有功，怕擔風險。然而，臉皮薄的人並非一無是處。一般說來，臉皮薄者的為人倒是比較堅定可靠的。他們是好部下、好朋友，在特定的狹小範圍內，還可以充任好骨幹。

人體貌文秀清朗，姿容樸實端莊，神情自若，是聰明睿智靈活機巧的人，做事有創造性和進取心；質樸而不清秀的人則性格內向性情孤傲。

體型孱弱，神色渾濁萎靡，脖子長、兩肩縮、腳歪斜、腦袋偏、凶神惡煞之相的人，心胸狹窄，性情卑劣。

削薄軟弱、體貌形狀孤單瘦弱的人，性情孤僻、內向、怯懦，愚昧無知，意志薄弱，為人處世沒有主見，無所適從；粗俗魯莽之相的人，性格反常不定，喜怒無常，不能自持。

「中年發福」的人，大多正值體力最旺盛的黃金時代。他們能夠很優越的順應周圍的情勢，給人一種溫馨。他們多屬於活動性的人，被人奉承時，往往做順水推舟的姿態。這種人雖然常施小計偷懶，但並不被人憎恨，他們中很多人會被周圍的人原諒，從而還頗受歡迎。活潑

開朗、樂於助人、行動積極、善良而單純是這類人的性格特徵，他們經常保持幽默感，顯得充滿活力，同時也有穩重、溫文的一面。這種類型的人，有很多是成功的政治家、實業家和臨床醫師。因為他善解人意，頭腦敏捷，擁有同時處理許多事情的才智，這是他們的最大長處。不過，考慮問題缺乏一貫性，經常失言，過於輕率，自我評價高，喜歡干涉別人的言行等，則是其缺點。

長著娃娃臉，卻是年紀不小的成年人，雖然有未成熟的外表卻有著老成的表現，看起來使人覺得不協調。此種類型的人，喜歡以自我為中心，而且個性好強，所以也可稱為顯示性格。這種人的周圍永遠都洋溢著熱鬧的氣氛，如果話題不是以他為中心，他就不會愉快。此外，完全不聽他人的話，可以說是任性類型。這種類型人的特徵是，即使見識淺薄，但卻擁有廣泛的知識，他們利用這種知識，去評論小說、音樂、甚至戲劇，因此而顯得談吐風趣。

2　觀「鼻語」，知內心

人的鼻子有沒有身體語言，學者們看法不一，有人說有，有人說沒有。

認為鼻子沒有身體語言的理由是，鼻子本身是不能動作的器官，就像耳朵一樣，因此，它們自身不能發出「姿勢」資訊，也就不可能有身體語言。至於用手摸鼻子和摸耳朵所發出的資

訊，應歸為手的「語言」。

事實上，鼻子跟耳朵不同，耳朵確實不會動。就這一點，人不如有些動物，如狗遇到「風吹草動」，就豎起耳朵，這顯示有「情況」。人的耳朵是「死」的，它只能跟著頭動，而自己不會獨立的動。但鼻子則不然，它可以自己動。比如，人們都熟悉的「嗤之以鼻」這個詞，實際上是有動作的，也就是說，在發出「嗤」的聲音時，鼻子是往上提的，只不過動作輕微，不易察覺，但輕微也是有動作的，也是能發出「瞧不起某人」這種訊息的。

有位研究身體語言的學者，為了弄清「鼻子」的「語言」問題，專門做了一次觀察「鼻語」的旅行。他去車站觀察，在碼頭觀察，到機場觀察。他旅行了一個星期，觀察了一個星期。由此得出兩點結論：

第一，旅途中是身體語言最豐富的。因為各種地區、各種年齡、各種性別、各種性格的人匯集在一起，而且都是陌生人，語言交流很少，但心理活動又很多，所以，大量的心態都流露出身體語言。他說：「旅途是身體語言的試驗室。」

第二，人的鼻子是會動的，因此，是有身體語言的器官。他說，根據他的觀察，在有異味和香味刺激時，鼻孔有明顯的張縮動作，嚴重時，整個鼻體會微微顫動，接下來往往就出現「打噴嚏」現象。他認為，這些「動作」都是在發射訊息。此外，據他觀察，凡是高鼻梁的人，

多少都有某種優越感，表現出「挺著鼻梁」的傲慢態度。關於這一點，有些影視界的女明星表現得最為明顯。他說，在旅途中，與這類「挺著鼻梁」的人打交道，比跟低鼻梁的人打交道要難一點。

由此可見，從注意鼻子的動靜，試著「看」出對方的內心。

（1）鼻子脹起來時

在談話中對方的鼻子稍微脹大時，多半表示對你有所得意或不滿，或情感有所抑制。通常人的鼻子脹大是表現憤怒或者恐懼，因為在興奮或緊張的狀態中，呼吸和心律跳動會加速，所以會產生鼻孔擴大的現象。因此，「呼吸很急促」一語所代表的是一種得意狀態或興奮現象。

至於對方鼻子有擴大的變化，究竟是因為得意而意氣昂揚，還是因為抑制不滿及憤怒的情緒所致？這就要從談話對象的其他各種反應來判斷了。

（2）鼻頭冒汗

有時這只是對方個人的毛病，但平日沒有這種毛病的人，一旦鼻頭冒出汗珠，可以說就是對方心理焦躁或緊張的表現。如果對方是重要的交易對手，必然是急於達成協議，無論如何一定要完成這個交易的情緒表現，因為他唯恐交易一旦失敗，自己便失去機會，或招致極大的不利，就使心情焦急緊張，而陷入一種自縛的狀態。因為緊張，鼻頭才有發汗的現象。

而且，緊張時並非僅有鼻頭會冒汗，有時腋下等處也會有冒汗的現象。沒有利害關係的對方，產生這種狀態時，要不是他心有愧意，受良心譴責，就是為隱瞞祕密時緊張所引起的。

（3）鼻子的顏色

鼻子的顏色並不經常發生變化，但是如果鼻子整個泛白，就顯示對方的心情一定畏縮不前。如果是交易的對手，或無利害關係的對方，便不要緊，多半是他躊躇、猶豫的心情所致。例如：交易時不知是否應提出條件，或提出借款而猶豫不決時的狀態。

有時，這類情況也會出現在向對方提出愛情的告白卻慘遭拒絕時。自尊心受損、心中困惑、有點罪惡感、尷尬不安時，才會使鼻子泛白。

上述的鼻子動作或表情極為少見，而平常人更不會去注意這些變化。但如想知人知面知心，就必須注意人的鼻子動作、顏色和目光的動向等，並加以配合，以獲得正確的判斷。

3 嘴部動作，透露著一個人心理

嘴部的動作是很豐富的，這些豐富的嘴部動作，從某種程度上可以反應出一個人的性格特徵和心理態度，不信仔細觀察觀察。

人們常用吐字清晰，口齒伶俐來形容一個人的嘴上工夫，說他口才好，能言善辯，這只是

其中的一個方面。凡是嘴上工夫好的人，不論知識水準高低，一般來說，思維都相當敏捷，而且人很機靈，一點也不顯呆板和笨拙。在人際關係方面，對於這一類型的人要分兩種不同的情況來討論。一種是人際關係處得不好的，這是因為他們倚仗自己的口齒伶俐，總是處處搶先、出風頭，而對別人持不屑一顧的態度，自己沒有道理，也要爭個天昏地暗。這種為人態度當然不會受人歡迎，人際關係處不好也很正常的。而另外一種則完全不同，他們希望自己和所有人都打好關係，並努力朝著這一方面做。這種人多比較圓滑，他們能夠依靠自己的口齒伶俐和能言善辯來化解各種矛盾，促使其人際關係和諧。

人的下嘴唇往前撇的時候，顯示他對接受到的外界資訊持不相信的懷疑態度，並且希望能夠得到肯定的回答。

人的嘴唇往前撅的時候，顯示此人的心理可能正處在某種防禦狀態。

在與人交談中，如果其中有人嘴唇的兩端稍稍有些向後，顯示他正在集中注意力聽其他人的談話。

嘴角稍稍有些向上，這種人看起來很機靈或是活潑，而且他們的性格大多也是比較外向的，心胸比較寬闊，比較豁達，能夠與人好好相處、不固執。

下巴縮起的人，做事多比較小心和謹慎，能夠好好完成某一件事。但這種人多比較封閉和保守，而且疑心很重，在一般情況下不會輕易相信別人。

下巴高昂的人，給人的第一感覺往往是清高氣傲，這種感覺在很多時候是沒有錯的。下巴高昂的人多具有強烈的優越感，且自尊心很強，常常會否定別人，對別人所取得的成績持不屑一顧的態度。

在與人交談時，用上牙齒咬住下嘴唇，或是用下牙齒咬住上嘴唇以及雙唇緊閉，這多表示一個人正用心聽另外一個人的講話，他可能是在心裡仔細分析對方所說的話，也可能是在認真反省自己。

口齒不清、說話比較遲鈍的人，可以分不同的情況來討論：一種人是不僅在說話方面表現得不夠出色，在其他各個方面的表現也都是相當平庸的，這樣的人若想獲得很大的成就，可謂是不易；還有一種人，他們的語言表達雖不精彩，而且也不太經常表達自己，但一旦表達，肯定會有不凡的見解，這說明這個人具有某一方面或某幾方面比較出眾的才能。

說話時用手掩嘴，說明這個人的性格比較內向和保守，經常害羞，不會將自己輕易或過度呈現在他人面前。用手掩嘴這個動作另外一個意思，還顯示可能是自己做錯了某一件事情，而進行自我掩飾，張嘴伸舌頭也有這方面的意思，但也還表示後悔。

在關鍵時刻，將嘴抿成「一」字形的人，其性格多比較堅強，有股不達目的誓不甘休的頑

強韌性。這樣的人對某一件事情，一旦自己決定要做，不管其中要付出多少艱辛，多數都會非常出色和圓滿完成。

經常舔嘴唇的人，大多屬於思維活躍、頭腦靈活型。他們判斷事物準確，從不主觀臆斷其好壞，說話總是有理有據，而且無論觀點遭到多少人的反駁，大多能自圓其說，令對方不得不點頭稱是。不過，這種人也有心術不正的一面，當其欲為個人謀利，或個人利益受到侵犯時，一般會採取打擊報復，信奉「人不為己，天誅地滅」的人生哲學，如果你的身邊有這種人，最好敬而遠之，惹不起，要躲得起。

舌頭在口腔內打轉。有這種習慣動作的人，通常對對方缺少尊重，抑或是對你的看法與觀點表示不滿和不同意。這種人的生活態度並不是很嚴謹，以一種順其自然的方式處理生活中的人際關係和事情，由於個性較孤傲，所以很難令人接近。但是這種人絕不是人性險惡的小人，他們大多喜歡隨遇而安，今朝有酒今朝醉、明朝事天自安排，是他們性格的集中表現。如果你是一個自尊心不是很強，而又時時需要輕鬆快樂一下的人，這樣的朋友無疑是一個不錯的選擇。

嘴唇緊閉，下唇乾燥。這種人從氣質類型上來講，屬於憂鬱質的人。他們多懷有一種杞人憂天的心理，是一個不折不扣的悲觀主義者，就算偶爾開懷一次，也會馬上想到壞的方面，從

而更加痛苦。

壓緊下唇。如果女性有這種習慣性動作，則說明這個人內心較脆弱，總是有一種不安全感，這不僅表現在壓緊下唇上，其他如雙腿併緊、雙手環抱於胸前等動作，都反映出這一心理狀態。如果是男性有這一習慣，則大多是故作緊張，可能是想掩飾什麼，或有別的目的。否則，他很可能為一個性格較陰柔的人。

用力上下咬牙，使兩頰肌肉顫動，面頰抽筋。這種人性格外向，屬於易暴易怒、缺乏冷靜的一類。只要是他看不過去的事就要管，聽不順耳的話就要說，甚至有時會因此與人拳腳相加也十分有可能。與這類人交往應摸透其脾氣秉性，不然就適得其反，交友不成反結仇了。

以手遮口者，通常喜歡隔岸觀火。「遮嘴」這個動作，通常也表示有所隱瞞。將不能說的祕密一不留神說漏嘴時，用手把口遮住。這個肢體語言所傳達的資訊，就是要自己「住嘴」。手經常在嘴巴附近移動，或者習慣用手遮掩嘴巴的人，心中必定信奉「沉默是金」、「言多必失」的信條。

這類人不太向他人傾吐自己的心事，總是在某處冷眼旁觀事情的發展。當事情發生時，會以旁觀者的口吻說：「果然不出我所料。」既不哭鬧也不動怒，情緒起伏不大，但這並不代表他可以冷靜處理事情。這種人絕不會主動表示自己要做什麼，別人也無法得知他到底想做什

麼。或許他心中正計劃著某件事情，卻不會輕易表現出來，別人也無從得知。

這種人甚至在與他人交往時也採取保持距離的心態，盡量避免過於黏膩的關係，給人冷漠的印象。若對他太過親密，反而易引起他的反感，就算他主動接近你，也不會讓你觸碰到他的心底深處。與這類型人的相處之道，保持適當距離，才是明智之舉。

4 臉：勾勒著他的性格

當我們走過青春，步向成年，我們的行為和態度，便慢慢在我們的臉上烙下印記。有些人笑紋很深，有些人永遠嘴角下垂。無論他有什麼樣的特色，他的臉不但畫出了他的過去，同時也勾勒出他的未來。

(1) 圓臉

一個人的臉龐平滑輕鬆，沒有凸出的臉頰或顎骨。這個人為人謙恭有禮，懂得均衡的道理。有時候他可能拖拖拉拉，不願意面對那些想利用其慈悲天性的人。

(2) 方形臉

有一張運動員的臉，堅強、高傲、有決斷力，是那種可以作決定，同時不必費多大心力就可以說服他人一起做事的人。他是一位好老師、忠心的朋友，他可能不是世界上最聰明的人，

但他卻是推動事物的主要動力。

（3）橢圓形臉

橢圓形臉被視為天生的美人胚子。假使是一個女人，不需要多少化妝品，便可以把臉孔修飾得完美無缺。橢圓形臉的男人，通常擁有藝術家的敏感和沉著冷靜的個性。無論是男性或女性，都擁有與生俱來的優雅氣質。最吸引人的地方，是那光彩、魅力和令人舒服的微笑。

（4）雙唇微開

這樣的人很誘人，富有挑逗性，而且充滿熱情，對各式各樣的羅曼史都來者不拒。他的舉手投足都散發出誘人的魅力。他有本事不說一句話，便把整個屋子裡的人迷得神魂顛倒。

（5）緊閉雙唇

這樣的人絕對能夠保密。他對自己的言行舉止都十分謹慎，謹慎到經常顯得過度敏感。嚴肅固執的個性，使他比較喜歡和周圍人保持一定的距離，然而，在他內心深處，卻存在著無法解除的焦慮，使他長年處在稍顯焦慮的狀態下。

（6）雙唇上揚

是一位永遠的樂觀主義者。他能夠不屈不撓、面帶微笑面對一切。在他心中有某種宗教或神祕的力量，使他相信事情總會迎刃而解。

(7)雙唇下彎

和前面所說的正好相反，他是個十足的悲觀主義者。他用挖苦、嘲諷的幽默感，來表示對人間事物的憤慨和鄙視。他可能相當成功，但幾乎沒享受過成功，因為他小時候曾受過很深很深的傷害，但他沒讓這些傷害復原，反而讓它們曲解了他對人、事、物的看法。

(8)厚嘴唇

他不愛開玩笑，可能他人第一眼看到他，也不覺得他很性感，但他的體力相當好，對所有臥室裡的活動，都能夠全身心投入。

(9)薄嘴唇

他不是一個很好的接吻對象。其實，與其說是他的嘴唇，令那些對他有意思的人退避三舍，倒不如說是他吝嗇的個性令人裹足不前！他薄而不豐滿的嘴唇透露出他是一個吝於付出卻樂於接受別人施捨的人。

(10)下顎凸出或強健

這樣的人行事積極，意志堅強，不輕易受挫。別人向他求教，是因為他看起來像花崗石一樣堅硬。他值得信賴，為人誠懇，不過有時候也很頑固。

(11) 下顎後斜或短小

這樣的人過度忸怩害羞，很可能總是低著頭走路，眼睛盯著地上而不是向前看，彷彿不斷向他人道歉。好像每一件事都令他歉疚萬分。他膽小的個性使他想像自己正面對未曾真正發生過的突然事件。結果，他的生命便慢慢演化成一種無止境的道歉狀態。

(12) 圓下顎

他可能是一位畫家，一位詩人，也可能是一位作家。他的見解並非只限定在某個範圍內，而是彎曲多變，極富彈性。摩天大樓或郊區的購物中心令他倒胃口，他想追求的是綠油油的山水風景。可是如果他離不開城市，那他一定幻想在一棟商業大樓裡，某個寧靜的角落。

(13) 方下顎

這種下顎通常搭配高而有角的額骨。自信而負責任的外表，使他魅力十足。因為他看起來已經十分果斷，所以比一般人更能夠讓事情照他的意思而發展。他經常受到他人的推崇、尊敬和禮遇。

(14) 沒有皺紋的額頭

他的一生似乎沒受過什麼嚴重的創傷，對許多人而言，他一直過著一種迷人的生活。流逝的歲月似乎不曾在他身上烙下痕跡，因為他展現出一股悠閒而年輕的優雅氣質。

(15) 有皺紋的額頭

額上深刻的皺紋，表示他曾飽嘗人生的煎熬。他曾經歷過痛苦和失落，而這一切清清楚楚刻在他的額頭上。他是一個現實主義者，知道以不平等的方式，面對這個不平等的世界。

5　眼睛是心靈的窗口

眼睛是心靈的窗口，透過觀察眼睛可以讓我們探測到對方的內心世界。一個人心裡正在想什麼，他的眼神都會忠實反映出來。所以，想要了解一個人，一定要注意觀察他眼部的動作。

(1) 眼睛上揚

眼睛上揚，是假裝無辜的表情，這種動作是在證明自己確實無罪。目光炯炯的望向某人時，上睫毛極力往上壓，幾乎與下垂的眉毛重合，造成一種令人難忘的表情，表達某種驚怒的情感。

(2) 斜眼瞟人

斜眼瞟人則是偷偷看人一眼又不願被發覺的動作，傳達的是羞怯靦腆的資訊。這種動作等於是在說：「我太害怕，不敢正視你，但又忍不住想看你。」

(3)眼睛眨動

眨眼的系列動作包括連續眨眼、誇張眨眼、睫毛振動等。連續眨發生在快要哭的時候，代表一種極力抑制的心情。誇張眨眼的動作單純而誇張，眨的速度較慢，幅度卻較大。動作的發出者好像在說：「我不敢相信我的眼睛，所以眨一下以擦亮它們，確定我所看到的是事實。」睫毛振動時，眼睛和連續眨眼一樣迅速開閉，是種賣弄花哨的誇張動作，好像在說：「你可不能欺騙我哦！」

(4)擠眼睛

擠眼睛是用一隻眼睛向對方使眼色表示兩人間的某種默契，它所傳達的資訊是：「你和我此刻所擁有的祕密，其他人無從得知。」在社交場合中，兩個朋友間擠眼睛，是表示他們對某項主題有共同的感受或看法。兩個陌生人之間若擠眼睛，則無論如何，都有強烈的挑逗意味。

(5)皺眉型

他對任何事都深思熟慮，是個足智多謀、深謀遠慮的人，總是靜悄悄退在一旁，並從各種可能的角度去研究事情。在得到任何結論之前，他反覆考慮所有可能性。雖然他那深思熟慮的舉止，看起來不積極，不過認識他的人，都知道不要去打擾他的思緒，以免惹他生氣。

（6）眼球轉動

眼球向左上方運動，回憶以前見過的事物；眼球向右上方運動，想像以前見過的事物；眼球向左下方運動，心靈自言自語；眼球向右下方運動，感覺自己的身體；眼球左或右平視，弄懂聽到語言的意義。正視，代表莊重；斜視，代表輕蔑；仰視，代表思索；俯視，代表羞澀；閉目，思考或不耐煩；目光游離，代表焦急或不感興趣；瞳孔放大，興奮、積極；瞳孔收縮，生氣、消極。

6　從眉毛的動態來識人

對眉毛的要求有四個方面，即「清秀油光」、「疏爽有氣」、「彎長有勢」、「昂揚有神」，也就是說，眉毛應該有光、有氣、有勢、有神。在這四個方面，清秀油光顯得最為重要。一個人的眉毛，如果能夠油光閃亮，就像珠寶那樣熠熠生輝，價值連城；如果暗淡無光，就像珠寶黯然失色，可能就一錢不值了。

眉毛有光亮，顯示這個人的生命力比較旺盛。通常的情況是這樣：年輕人的眉毛都比較光潤明亮，而老年人的眉毛往往比較乾枯而缺乏光彩。這就是因為年輕人生命力旺盛，而老年人生命力開始衰退。從珍禽異獸的羽毛上也能夠表現這一點。如老虎、豹子、孔雀、天鵝等身上

表現得最為明顯。動物中皮毛的光亮好像也在顯示著動物的位置和等級。

眉毛的光亮可以分為三層：眉頭是第一層，眉中是第二層，眉尾是第三層。層數越多，等級越高，給人的印象越好，得到他人的提攜越多，成功的可能性越大。因此人們認為眉毛有光亮的人運氣特別好。

眉毛有氣象有起伏，給人一種文明高雅的感覺。眉毛短促而有神氣，也給人一種氣勢。如果眉毛太長而缺乏起伏，就像一把直挺挺的劍，就會讓人覺得過於直白。

這種人的脾氣比較火爆，喜歡爭強好勝，一輩子都是自己把自己攪得不得安寧。如果眉毛太短，甚至露出了眉骨，又缺乏應有的生氣，就會給人一種單薄的印象。這種人讓人感到不舒服，有人無端跟這樣的人過不去。

眉毛長而有勢的人會成功，正如古人所說的「一望有乘風翱翔之勢」。可以這樣說，這種眉毛具備了光亮、疏朗、氣勢和昂揚的優點，給人留下一種很好的印象。人們認為，這種人把「立德、立功、立言」三不朽全占了。一個人即使只有其中一項，也會叫人刮目相看，而三項都占的人自然容易成功。所以，在觀察一個人的時候，觀察他的眉毛是非常必要的，尤其是在眉毛運動的時候，下面讓我們具體分析一下，相信這對把握一個人的心理是有一定幫助的。

皺眉所代表的心情可能有好多種，例如：驚奇、錯愕、詫異、快樂、懷疑、否定、無知、

傲慢、希望、疑惑、不了解、憤怒和恐懼。要確實了解其意義，只有回頭去看它的原因。一個深皺眉頭憂慮的人，基本上是想逃離他目前的處境，卻因某些原因不能如此做。一個大笑而皺眉的人，其實心中也有輕微的驚訝成分。

兩條眉毛一條降低、一條上揚。它所傳達的資訊介於揚眉與低眉之間，半邊臉顯得激越、半邊臉顯得恐懼。尾毛斜挑的人，心情通常處於懷疑狀態，揚起的那條眉毛就像是提出一個問號。

眉毛打結。指眉毛同時上揚及相互趨近，和眉毛斜挑一樣。

這種表情通常表示嚴重的煩惱和憂鬱，有些慢性疼痛的患者也會如此。急性的劇痛產生的是低眉而面孔扭曲的反應，較和緩的慢性疼痛才產生眉毛打結的現象。

在某些情況下，眉毛的內側端會拉得比外側端高，而成吊眉似的誇張表情，一般人如果心中並不那麼悲痛的話，是很難勉強做到的。眉毛先上揚，然後在幾分之一秒的瞬間內再下降，這種向上閃動的短捷動作，是看到其他人出現時的友善表示。它通常會伴著揚頭和微笑，但也可能自行發生。眉毛閃動也經常出現於一般對話裡，作為加強語氣之用。每當說話時要強調某一個字，眉毛就會揚起並瞬即落下。像是不斷在強調：「我說的這些都是很驚人的！」

眉毛連閃，是表示「哈囉！」連續連閃就等於在說：「哈囉！哈囉！哈囉！」如果前者是說：「看到你我真驚喜！」則後者就在說：「我真是太意外，太高興了！」

聳眉亦可見於某些人說活時。人在熱烈談話時，差不多都會重複做一些小動作以強調他所說的話，大多數人講到要點時，會不斷聳起眉毛，那些習慣性的抱怨者絮絮叨叨時就會這樣。

眉毛的變化豐富多彩，心理學家指出，眉毛可有二十多種動態，分別表示不同心態。與眉毛相關的動作主要有：

(1)雙眉上揚，表示非常欣喜或極度驚訝。
(2)單眉上揚，表示不理解、有疑問。
(3)皺起眉頭，要麼是對方陷入困境，要麼是拒絕、不贊成。
(4)眉毛迅速上下活動，說明心情愉快，內心贊同或對你表示親切。
(5)眉毛倒豎、眉角下拉，說明對方極端憤怒或異常氣惱。
(6)眉毛的完全抬高表示「難以置信」。
(7)半抬高表示「大吃一驚」。
(8)正常表示「不作評論」。
(9)半放低表示「大惑不解」。
(10)全部降下表示「怒不可遏」。

(11) 眉頭緊鎖，表示這是個內心憂慮或猶豫不決的人。

(12) 眉梢上揚，表示是個喜形於色的人。

(13) 眉心舒展，顯示其人心情坦然、愉快。

7 頭傳達著很多的資訊

頭是人體最重要的組成部分，透過觀察一個人的頭能了解到很多的資訊，因為從某種意義上說頭就是心靈的指揮官。

首先是頭的形狀。科學家們對動物頭的形狀做過分析，結果發現，動物的性格與其頭部的寬窄有很大的關聯，頭型寬的動物一般都很好鬥，而頭型窄的動物一般都比較溫順。美國心理學家還提出了這樣一種觀點：頭部越大越飽滿的人，智商就可能越高。

下面我們就來破譯一些頭部動作的內涵：

將頭部垂下呈低頭的姿態，它的基本資訊是「我在你面前壓低我自己」，但這不限於居下位的人。當同事或居上位者做此動作時，它的資訊乃是以消極的方式表達，「我不會只認定我自己」然後變成這樣的目標：「我是友善的。」

頭部猛然上揚然後回覆通常的姿態。這動作是剛剛遇見但還不十分接近的時候，它表示

7　頭傳達著很多的資訊

「我很驚訝會見到你！」在這裡，驚訝是關鍵性的要素，頭部上揚代表吃驚的反應。用於距離較遠的時候，頭部上揚是用在彼此非常熟悉的場合。其時機是當某人突然明瞭某事物的要旨而驚嘆「哦！是的，那當然！」的一剎那。

搖頭本質上是否定訊號。

頸部把頭猛力轉向一側，再使它回覆中立的位置，這是單側的搖頭，同樣傳遞「不」的資訊。頭部半轉半傾斜向一側是一項友善的表示，彷彿是同路人在打招呼，傳遞的資訊是「你與我之間，這滿好的！」

搖晃頭部時，說話者正在說謊而且試圖壓抑住要表示否定的搖頭動作，但又不能澈底。晃動頭部，常被用來表示驚奇或震驚。其中隱含剛得知的消息是那麼不尋常，以至於必須晃動頭部才能確信這不是做夢。

頭部僵直表示，他是如此的有分量且毫不懼怕，所以甚至什麼東西在身側摔破，都不屑一顧，或者是心裡覺得無聊的表現。

頸部使頭部從感興趣之點往側面方向移開。基本上就是一項保護性的動作，或把臉部移開以迴避對身體有威脅的事物，在特殊情況下，這個動作可藉著掩飾臉部而隱藏自己的身分。

頸部驅使頭部向前伸並朝向感興趣的方向。這個動作既可滿懷愛意，也可滿懷恨意。前一

種情況是：兩個相愛的人，伸長脖子深情專注凝視對方的眼睛；後一種情況則像兩個冤家伸長脖子，探出頭部以表示他們不畏懼對方，而且瞪視對方如同洞察對方的眼睛；第三種情況則出現在某人渴望吸引你全部的注意力之時，因此他會探出他的臉，以阻擋你去看其他任何可能吸引你的東西。

8　人不可貌相，不以貌取人

人類對事物的一般認識過程是：首先是感官接受了外界事物，然後心裡有了印象，接著發出聲音加以評論，最後才表現為人的外表反應。所以我們要識人，也應該從人的外貌去識人，以便於看清他的內心世界。

明建文二年（西元一四〇〇年）。策試中有個叫王良的對策最佳，但因其貌不揚，被抑為第二，原本第二的胡靖擢為第一。後來惠帝亡國，倒是王良以死殉國，而胡靖卻投靠了永樂皇帝，做了高官。明英宗對朝臣的相貌也特別看重，天順時，大同巡撫韓雍升為兵部侍郎，英宗發詔讓大學士李賢舉薦一個與韓雍人品相同的人繼任。李賢舉薦了山東按察使王越。王越長得身材高大，步履輕捷，又喜著寬身短袖的服飾，英宗見後很是滿意，說：「王越是爽利武職打扮。」後來王越在邊陲果然頗有戰功。

古人認為，好的面相是：面相有威嚴，意志堅強，富有魄力，處事果斷，無私正直，嫉惡如仇；禿髮謝頂，善於理財，有掌管錢物的能力；顴額高聳圓重，面目威嚴，有權有勢，眾人依順；顴高鼻豐並與下巴相稱，中年到老年享福不斷；顴隆鼻高，臉頰豐腴，晚年更為富足；顴骨高聳，眼長而印堂豐滿，臉相威嚴，貴享八方朝貢。

從面相學來說，認為不好的面相是：顴高臉頰削瘦，做事難成，晚年孤獨清苦；顴高而鬢髮疏稀，老來孤獨；額高鼻陷，做事多成亦多敗。薄臉皮的人常常會被誤認為高傲，或者低能。這些誤解更增加了薄臉皮者在人際交往中的困難。因此，他們在處理問題時常常不敢大膽行事，寧願選擇消極應付的辦法。他們對工作往往但求無過，不求有功，怕擔風險。然而，臉皮薄的人並非一無是處。一般說來，臉皮薄者的為人倒是比較堅定可靠的。他們是好部下、好朋友，在特定的狹小範圍內，還可以充任好骨幹。

(1)一個心質誠仁的人，必定會展現出溫柔隨和的面貌。

(2)一個心質誠勇的人，必定會展示出嚴肅莊重的面貌。

(3)一個心質誠智的人，必定會展示出明智清楚的面貌。

但是，識人不能單從貌相出發。古人云：「人不可貌相，海不可斗量。」請看下面的例子：

三國時東吳的國君孫權號稱是善識人才的明君，但卻曾「相馬失於瘦，遂遺千里足」。周瑜死後，魯肅向孫權力薦龐統。孫權聽後先是大喜，但見面後卻心中不悅。因為龐統生得濃眉掀鼻，黑面短髯，形容古怪，加之龐統不推崇孫權一向器重的周瑜，孫權便錯認龐統只不過是一介狂士，沒什麼大用。於是，魯肅提醒孫權，龐統在赤壁大戰時曾獻連環計，立下奇功，以期說服孫權，而孫權卻固執己見，最終把龐統從江南趕走。魯肅見事已至此，轉而把龐統推薦給劉備。誰知，愛才心切的劉備，也犯了同樣的錯誤。他見龐統相貌醜陋，心中也不高興，只讓他當了個小小的縣令。有匡世之才的龐統，只因相貌長得不俊，竟然幾處遭到冷落，報國無門，不得重用。後來，還是張飛了解了他的真才後極力舉薦，劉備才委以副軍師的職務。

一向慧眼識珠的曹操，也有以貌取人的錯舉：

益州張松過目不忘，乃天下奇才，只是生得額鑊頭尖，鼻偃齒露，身短不滿五尺。當張松暗攜西川四十一州地圖，千里迢迢來到許昌打算進獻給曹操時，曹操見張松「人物猥瑣」，從而產生厭煩之感，加之張松言詞激烈，揭了自己的短處，便將張松趕出國門。劉備乘機而入，爭取到了張松，從而取得了進取西川軍事上的優勢。如果曹操不是以貌取人，而是禮待張松，充分發揮其才識，那樣恐怕會是另一種結果。

這說明光以貌識人，未免識人於偏頗、識人不全，甚至識錯人，要完全認識一個人，還需從其他方面入手。希望我們在識人時要注意這些地方。

第二章　察言觀色，一分鐘看透他人心理

察言觀色是一切人情往來中操縱自如的基本技術。不會察言觀色，等於不知風向便去轉動舵柄，弄不好還會在小風浪中翻船。如果我們真能在交際中練就一番察言觀色、隨機應變、解讀對方心思的工夫，在為人處世中，一定會順風順水。

1　察言觀色是一門學問

《論語．顏淵》：「夫達也者，質直而好義，察言而觀色，慮以下人。」察言觀色由此而來，《教育部國語辭典》裡給其進行了這樣的釋義：觀察人的言語神情而窺知對方心意。

察言觀色是一切人情往來中操縱自如的基本技術。不會察言觀色，等於不知風向便去轉動舵柄，弄不好還會在小風浪中翻船。

從前，有這樣一位舉人，經過三科，又參加候選，謀得了一個某縣縣令的職位。第一次去拜見上司，想不出該和上司說什麼話。沉默了一陣子，忽然問道：「大人尊姓？」這位上司聽後很是吃驚，但還是勉強說了。

縣令又低頭想了許久，說：「大人的姓好特別，是百家姓中所沒有的。」上司更加驚異，說：「我是旗人，難道貴縣不知道嗎？」

縣令恭敬的站起來，說：「大人在哪一旗？」上司說：「正紅旗。」縣令說：「正黃旗最好，大人怎麼不在正黃旗呢？」上司聽罷，勃然大怒，問：「貴縣是哪一省的人？」縣令說：「廣西。」上司說：「廣東最好，那你為何不在廣東？」縣令吃了一驚，這才發現上司滿臉怒氣，急忙退了出去。

第二天，上司讓他回去，去學校任教職。

這位舉人導致這樣的一個結局，究其原因，關鍵在於不會察言觀色所致。如果我們真能在交際中練就一番察言觀色、隨機應變、解讀對方的心思的工夫，在為人處世中，一定會順風順水。

剛出社會不久的王先生，在大學時代是一個各方面表現都很優秀的學生。王先生原本以為自己在公司裡會一帆風順，步步高升，但讓他萬萬沒想到，自己卻處處碰釘子。包括老闆、同事、客戶，幾乎公司裡的每個人都在給他臉色看，令他難堪。究其原因，只因他不會察顏觀色。

有一次，劉小姐滿臉不快，從老闆辦公室裡走出來，看起來像是被老闆罵了，王先生不知死活，立即走過去說：「劉小姐，妳是不是又被老闆罵了，沒關係啦！別放在心上。」劉小姐很不自在的冷眼看了他一下，硬生生說了句：「沒有的事，你別胡說八道！」說完，扭頭就走了，把尷尬的王先生丟在了辦公室的門口。

還有一次，王先生的一個朋友從國外回來，過來看看他，他想請半天假，可話剛說出口就被老闆訓了一頓：「沒看到公司最近一段時間業績不理想嗎？還請假！不賣力工作想餓死啊！」碰了一鼻子灰的王先生，事後才從同事那裡得知，這位上司剛被他的老闆叫去談過話。

透過上述這兩件事，我們不難看出王先生遭人白眼的真正原因。用俗語來說，王先生就是一點「觀察力」都沒有，明明知道同事被罵，心情本來就不好，他還非要去問上一句。這樣做的後果，無疑是在人家的傷口上撒一把鹽，只能讓人更痛。劉小姐豈有不憤之理。

像王先生這種不會看別人臉色的人，誰都不會喜歡。

由此可見，在職場中與人交往，需要敏銳觀察對方的「言色」，懂得「看臉色」，從而了解別人的想法，只有這樣，才能做出令人滿意的舉動，也只有這樣才能進退自如，達成既定的目標。

那麼如何做個會察言觀色的人呢？下面幾點值得注意：

（1）眼睛：眼睛可說是臉部最富表情，也最容易洩漏祕密的地方，學會觀察眼神，識人即可事半功倍。

（2）手勢：一般認為揉眼睛、捏耳朵代表虛偽、猶豫或焦慮。如果一個人說話時頻頻碰觸嘴巴或耳朵，他可能在說謊；如果是聽話的一方這麼做，則代表他認為對方在說謊。

（3）聲音：焦慮、具攻擊性或喜歡強出風頭的人，說話音調較高或習慣大聲；語調低沉的人較自信，習慣拉高尾音容易被當做不成熟。

（4）笑容：是最有說服力的溝通工具，不只代表快樂幽默，也可能意味道歉、防衛或諒解。

掌握了以上幾點，你就可以輕鬆學會察言觀色了。練就識人的眼力，你就可以在人與人的交往中迅速準確看透對方的心理，從而占盡先機，遊刃有餘的面對各種人生挑戰。

2　情緒總寫在臉上

人的表情可以有非常豐富的表現形式。它們可以是快樂、是悲傷、是驚奇、是害怕、是生氣、是厭惡……透過這些不同的表情，我們可以清晰看到大家的內心世界。

（1）哭的表情

哭，在古代因為其行為的強度不同，有很多種說法。凡不出聲、暗自流淚，叫作泣；不但流淚，而且發出哀聲的，叫作哭；一邊哭一邊念念有詞，申訴其心中之委屈的，叫作嚎。

哭的動作開始於皺眉，悲哀、痛苦等情緒最早顯露於此。男人常常掩飾哭的行為，但皺眉卻是常見的。接下來是閉眼，悲哀、痛苦以及驚恐時，人們大都會有閉眼的動作，這一動作是可以掩飾的，我們常常看到有人在要哭時強忍著不閉眼，因為這時眼淚出來可能揭露了其真正的感情。眼淚是由於眼部肌肉收縮，壓迫淚腺而分泌出來的，很多情況下，眼淚的流出是不受意志支配的。人們控制眼淚的能力只在情緒不是很強烈時產生作用。如果情緒再強烈一點，口部就開始抽搐，不能忍受時，或者是兒童尚且沒有忍耐的習慣時，大哭就開始了。大哭的時候，嘴巴不一定張得很大，只有需要哭喊時才有必要大張著嘴。嘴部顯著的動作是嘴唇不能自主外翻，從嘴部向四面拉伸。鼻孔因受到牽引而張大，鼻翼翕動。這時面部所有的肌肉都會配合運動。聲音也是強化這一表情效果的手段。

伴隨著以上動作的可能還有出汗、面相蒼白、渾身戰慄等。並且劇烈的哭叫後，頭皮、面孔、雙眼都會變紅。

(2) 悲哀和痛苦的表情

苦惱表情的顯著特點是面孔拉長，面部肌肉鬆弛，最明顯的是臉的兩側面皮會自然垂落。同時，眼瞼、嘴唇也沒有了精神，但是，眉頭可能緊鎖。由於兩側肌肉的下拉作用，使得面部出現眉眼傾斜現象。情緒達到極點時，哭泣就會發生。哭泣之後，額頭上的前頭後頭肌也會

活動，悲哀肌會自動收縮，愁眉苦臉的表情就出現了。這時候，毛孔閉合，因而毛髮緊貼皮膚表面。

(3)憂鬱、擔心、絕望的表情

嘴角下垂是由於嘴角下直肌的活動造成的，這是憂鬱、擔心、絕望的特徵。外面部活動還有皺眉肌的收縮，這使得眉頭緊鎖。憂鬱的時候，身體代謝放慢，因為如果時間過長的話，會消耗體力。表現在面孔上，首先是眼圈發黑，其次是皮膚顏色暗淡，有時候發青，沒有血色，沒有光亮。有時候還要加上長吁短嘆，就成了一副沒精打采的表情。

(4)高興、喜悅的表情

高興的時候，人們用笑來表達。一般來說，高興時，會微笑，即便不微笑，人們的兩眉舒展，眼睛、鼻子、口角也都是上揚的，並且面部顯得閒適、平靜，尤其是眼睛裡放著興奮的光，面部肌肉紅潤有光澤。

當然，高興的程度可以在笑中表現出來。大笑時是最高興的，慣於發出爽朗笑聲的人一般較開朗，常常大笑的人更是如此，內向的人一般只用微笑表示高興，或者竊笑，或者不苟言笑。但是，笑也要分場合。自由、熱鬧的地方不妨大笑，嚴肅、莊重的地方一般微笑。當然，這也要視具體情況，遇到可喜的大好事，什麼地方都可以不忌諱。

(5)柔情、愛情的表情

柔情、愛情沒有一種特定的表情。我們看到，一個人看到他所愛的人時，可能愉快，也可能傷心，還可能憤怒，隨著具體境遇不同，情緒也會不同，而情緒不同，表情就有不同。但是，由於雙方有互相倚賴的關係，所以，不管出現什麼情況，相愛雙方的情緒總是不言而喻的。柔情總是跟喜悅、同情在一起的，跟怨恨、憤怒沒有共同性。滿懷柔情的人有代表性的表情是喜悅、滿足，達到極點時會流淚。

(6)反省、思索的表情

眼睛盯視是思索時的表情，這時候眼睛盯視的對象可能是正在面臨的難題，也可能只是一個虛無縹緲的空間。盯視的時候很少眨眼，或者不眨眼。反省的表情與思索基本一致，只是表情動作更多一點，比如有皺眉的動作，這是因為反省的行為往往伴隨著自責的痛苦，可能還要排除干擾，使立場盡可能中立。這種表情持續時間過長時，身體的肌肉緊張，同時呼吸節奏緊湊。

(7)失神的表情

人在遭受打擊之後，可能會心灰意冷，毫無鬥志，沒有精神。這種情況下，面部表現為：眼睛微微張開，頭部稍微抬高，視線指向遠方，目光上移，朝向比仰視時要低一點。而失神的眼光空洞，有時還以手加額，這是因失神使頭部血液循環改變，造成不適感，所以用手去緩解。

(8) 不滿的表情

噘嘴是小孩表示不滿的動作，但是，由於習慣的作用，不少成人把不滿的情緒也用噘嘴表現出來。噘嘴的同時往往伴隨著皺眉。

眼睛也會因情況不同而有不同的反應：不滿強烈時，眼睛怒視，怒目圓睜，伴隨著鼻翼翕動；不那麼強烈時，眼睛斜視，這時眼白多而眼珠小，我們常說「翻白眼」就是這種情況；僅僅有一點不滿，又無意招惹是非時，眼睛向下看，低頭不語，面有難色。

(9) 決斷的表情

有所決斷時，渾身肌肉繃緊，有握拳、跺腳的身體動作，同時可能會有瞪眼、咬牙的行為。我們常說下決心時「一咬牙，一跺腳」，大概源於這種體態語。

這時候一般緘默不語。因為有思考的活動，目光一般直而僵硬，嘴唇緊閉，嘴唇的肌肉緊張，呼吸也受到影響而放慢節奏，也可能屏氣。這時深呼吸可以緩解緊張的身體和心理。

(10) 怨恨而激怒的表情

怨恨是不滿和厭惡日久累積到更高程度的感情。它爆發的表現為激怒的情緒狀態。激怒

時，心臟的血液循環加快，面相發紅或者發紫，靜脈血管擴張，額頭上會暴起青筋，呼吸急促，鼻孔打開而發抖，雙唇緊閉，牙關緊咬。遇到這種時候，一般可能有暴力傾向。

激怒時有的人會噘嘴，還有的人會收縮雙唇，露出牙齒，像是要咬人的樣子。達爾文認為這兩種表情與動物的表情有共同根源性，因為在人類社會完全找不到它們的用途。

(11) 憤怒的表情

憤怒的表情跟激怒基本差不多，只是程度有所不同。憤怒一般不那麼激烈，表現為心跳加速，面相變紅，眼睛瞪得很大，眼中放光，呼吸略快，還有嘴唇緊閉，眉頭緊鎖，眉毛上揚。

(12) 輕侮的表情

輕侮的表情的特點是板起面孔，揚著臉，上唇向後收縮，露出一側的犬齒。這跟激怒的表情有點相似。有時有冷笑，還會伴隨著皺眉和凶惡的眼神。眼睛不看對方，有時甚至背過臉去。鼻子也因為上唇的牽引而歪斜，鼻子和嘴巴兩側顯出明顯的溝紋。

(13) 侮慢的表情

侮慢的表情表現為微笑或者大笑，伴隨著臉的一側上唇收縮，露出犬齒，有嘲諷的味道。也有一些人用微笑表示侮慢。有時候，眼瞼半閉，或者把目光投向別處，也是侮慢的明顯表現。

(14) 輕蔑的表情

表示輕蔑的最普通方法是鼻子向上揚起，上唇向上翻。有時候人們會故意弄出點聲音，就像感冒的時候鼻子有點被堵住一樣。這時候，鼻子收縮，鼻子上面會有微微的皺紋。

輕蔑的情緒可以用眼神輕而易舉傳達出來，即我們說的蔑視。這種眼神是使眼睛向兩側看，同時採用俯視的姿態，臉部微微抬起來。眼睛看向兩側的目光一般是漫不經心的，而且指向著固定的某一側，移動緩慢。如果移動迅速，那就變成了狡猾的表情。輕蔑與高傲有所不同。高傲的人有自我膨脹的特點，常常採取俯視的角度，身體直立，嘴巴緊閉，這一點很像下決心的人。輕蔑是他常採用的態度。

(15) 厭惡的表情

最能引起人們厭惡的感覺是味覺。當人們品嘗到惡臭或其他難以忍受的氣味時，就會引起胃部的痙攣，感覺到要嘔吐。其次是嗅覺和觸覺。當難聞的氣味刺激鼻孔，或者觸摸到能使人聯想到反感的東西時，也會噁心。有時候，視覺也能喚起厭惡。除了生理的原因之外，有時候極度的輕蔑也可以引起一種與噁心十分相似的感覺。

厭惡的表情主要是由於味覺引起的，因而表現為嘴周圍的運動。主要表現為撇嘴，嘴巴張得很大，不停吐唾沫，或者不停吹氣，有時候發出咳嗽聲，嚴重時會嘔吐或者有嘔吐的動作。

⒃謙卑的表情

謙虛的時候面部表情比較平和，一般不會把頭昂得很高，相反，常常有低頭的狀態，呼吸遲緩，心跳有時有不明顯的加速，眼睛向下看，但是目光比較集中、穩定，不會來回左右移動。

謙虛也是一種與自我意識相關的情緒，臉紅的表現也是常見的。

⒄驚異、驚愕的表情

遇到突發事件時，人們就會露出驚異的神色。如果程度加深，就變成了驚愕。驚異的表現跟恐怖非常相似，一般表現為眉梢上揚，眼睛和嘴巴都張得大大的。由於眉毛上揚，不但眼口張開，而且在額頭上堆積了一些皺紋，一般從皺紋的多少可以判斷出驚異的程度，但皺紋的多少也會因年齡、個人具體情況而不同。

當人們小有吃驚的時候會微微皺眉，口張開成圓形，像在發出「噢！」的聲音，也有的人習慣於用手去觸摸嘴或其他部位。驚異於美好事情的時候，臉上常帶笑容。

驚愕是程度更高的一種情緒狀態，與驚異的表情大致相同而有點誇張。同時，由於驚愕是一種積極的情緒，所以當這種情緒出現時，心跳會有不同程度的加速。

(18)恐怖的表情

恐怖的表情與驚愕相似，但恐怖的最初表現是發呆，心跳加速，身體僵硬，呼吸減慢，本能逃避目光接觸，然後出現眉毛上揚和眼口張開的狀態。這時候還可能伴有毛髮豎立，肌肉發抖，出冷汗的情況。

恐怖進一步加強時，會出現暫時的呆滯，這時候，臉上毫無血色，呼吸費力，鼻翼張大，嘴唇痙攣，面頰震顫，眼球突出，瞳孔放大，要麼左顧右盼，要麼呆若木雞。達到極度恐怖時，會發出可怕的聲音，臉上掛滿大大的汗珠。

有時候，恐怖來臨，人們會不由自主閉眼，或者隨手拿一些什麼東西遮住臉部或眼睛。這些行為都是明顯的消極防衛動作。

(19)慚愧的表情

自我感覺不如別人，或者有過錯以後內心誠服時，會有慚愧的感覺。這時有迴避的眼神，往往不敢正視，眼睛向下看者較多，眼光不停左右移動。臉紅也是慚愧的重要特徵。

(20)羞恥的表情

人們在接受外界對自己特別是對自己的外貌、服飾進行評價的時候，不管評價的結果是好是壞，都可能產生羞恥的感覺。尤其是本人在這些方面沒有長處，或者有疤痕、汙點等

的時候。

羞恥的表情主要是臉紅，眼睛斜視、俯視，神經活動遲鈍。

(21) 過失心虛的表情

過錯感使人心虛，因而明顯表現在眼睛上，眼神與慚愧差不多。

了解了這些不同表情以後，可以幫助我們更清楚分析別人的面部變化，讓我們更透澈洞悉別人的內心變化，從而在與人交往中牢牢把握主動權。

3 讀透對方情緒

有這樣一個歷史故事：

有一個將軍，在一次奮鬥當中被對方擒獲，然後被押回了對方大營。這一位將軍也算得上是一位錚錚鐵骨的漢子，從被敵方擒獲以後，就沒有想過要投降敵人，抱著必死的決心，絲毫不肯向對方低頭。不管是誰來勸他投降，他都怒目相視，絕不理睬。

敵方的國王也敬佩他是一個有骨氣的大將，越盼望著這個將軍能夠投降自己，為自己所用。可惜的是，不管怎麼勸說，這位將軍還是毫不理會。國王為此感到無可奈何，但又很不甘心。

這個時候，國王的一名隨從過來說：「陛下，請不必為難，依屬下看，這位將軍雖然現在表現得還很強硬，但是只要我們堅持勸說下去，他遲早會投降的。」

國王將信將疑，並說：「我派包括你在內的那麼多人對他勸說了那麼久，都沒有任何的效果，你怎麼能肯定他會投降啊？」

隨從詭祕一笑，壓低聲音奏道：「屬下剛才去勸降的時候，見到有灰塵從房梁上掉下來，落在那位將軍的袍袖上面——他居然能夠察覺，最主要的是，他小心的把袍袖上的灰塵撣掉了。試想，一個人若是早把生死置之度外，怎麼還會顧得上吝惜身上的袍服呢？」

國王聽後覺得有道理，於是對被擒將軍堅持勸降——終於，那個將軍投降了國王，成為國王手下的一員得力幹將。

寓言中的那個屬下透過將軍撣掉身上的灰塵這一個細小的細節，就做出了精確判斷，為國王的勸降工作立下了大功。這名屬下可稱得上是真正深諳察言觀色之道。一名善於溝通的說話者就應該像那名屬下一樣，透過察言觀色來揣摩對方的行為，捕捉其內心活動的蛛絲馬跡，探索引發這類行為的心理因素。唯有如此，才能夠使溝通更加便利、更加有效。

語言家早就說過：「人與人之間大部分溝通，並不是透過語言完成的。」所以還必須用眼睛看。對方在聽你說話的同時在想什麼，想做什麼，這些往往不會由對方直接說出來，而是由

他的表情、動作流露出來——這就需要你仔細觀察。

舉例來說，為尋求某人的幫助，你去其家中拜訪他。在與他談話的過程中，你發現他一邊跟你說話，一邊眼往別處看，同時有人在小聲講話，這時，聰明的你應該意識到，你的來訪打斷了他某件待辦的事，他心裡惦記著這件事，雖然在接待你，卻是心不在焉。這時最明智的做法是收住話頭，趕緊告辭：「您現在一定很忙，我就不打擾了，我的事過兩天再說吧！」把你送走，他在心裡讚賞你「有眼力」的同時，對你也有歉疚之意——因為自己的事，沒好好接待人家。於是，你託付的事，他會努力辦成，以此來補報。

要做到「看別人面相說話」，首先要能讀透對方情緒。

下面列舉幾種常見情緒的外在表現，供參考：

（1）生氣：臉部發紅，雙唇緊閉，手臂或雙腿交叉，語速加快，姿勢僵硬，握緊拳頭。

（2）懷疑：雙唇緊閉，雙眉皺起，斜眼看人，翹起一邊嘴角，搖頭，眼珠轉動。

（3）敵意：雙臂或雙腿交叉，避開對方眼神，呼吸加快，閉口不語。

（4）無聊：眼光游移，身體左倚右靠，胡亂塗寫，身子往一旁傾斜以避開某人目光，打呵欠，玩弄紙筆。

（5）緊張：眼神亂瞟，姿勢僵硬，不停玩弄或調整紙、筆、眼鏡等，汗流不止，笑得很突兀，抖腿或抖身體。

4 笑態知性格

情緒表達的方式很多，笑是其中最愉悅的一種，三五好友齊聚一堂，大家開懷大笑，增進彼此感情，亦未嘗不可。從笑的方式，也可以窺見一個人的內心動態和這個人的性格。

（1）捧腹大笑的人，大多是心胸開闊的，當別人取得成就以後，他們有的只是真心的祝願，而很少產生嫉妒心理。在別人犯了錯以後，他們也會給予最大的寬容和諒解。他們比較有幽默感，總是能夠讓周圍的人感受到他們所帶來的快樂，同時他們還極具愛心和同情心，在自己的能力範圍內，給予他人最多的幫助。他們不勢利眼，不嫌貧愛富，為人比較正直。

（2）悄悄微笑的人，不是性格比較內向、害羞，就是心思非常縝密，而且頭腦十分冷靜，無論何時都能讓自己跳出所在的圈子之外，作為一個局外人來冷眼觀察事情的發生、發展情況，這樣可以更有利於自己做出各種正確的決定。

（3）看到別人笑，自己就不自覺跟著笑的人，此種類型的人，絕大多數是樂觀而又開朗的，情緒波動比較強，而且有一定的同情心。他們對待生活的態度也是很積極的。

（4）笑得全身都在晃的人，這樣的人性格多是很真誠、直率的。和他們交朋友是個非常不錯的選擇。為什麼這樣說呢？因為當朋友有了缺點和錯誤以後，他們能夠直言不諱的指出來，而不是為了當老好人，為了不得罪人而視而不見。他們不吝惜，在自己能力允許的範圍內會給予他人無私的幫助。基於此，在自己遇到困難的時候，也會得到來自他人的關心和幫助。

（5）不發出聲音而微笑的人，大多是內向而且感性的人，他們的性情比較低沉和憂鬱，情緒化，而且很容易受到周圍人的感染。他們還具有一些浪漫主義傾向，並且會一直尋找一些可以製造浪漫的機會，為此可能做出一定的犧牲。他們的性情很溫柔，也很親切，經常能夠給人一種很舒服的感覺，所以與人相處起來會顯得比較容易。

（6）笑聲非常爽朗的人，多是坦率、真誠、熱情的。他們是行動派的典型代表，也就是說，決定做一件事了，立刻就會付諸行動，非常果斷、迅速，從不拖拉，更不會拖泥帶水。此種類型的人，表面上看起來很堅強，但他們的心靈深處，在一定程度上是極其脆弱和敏感的。

（7）不張口而能發笑的人，大多是在掩飾自己的感情或是帶著很強烈的警戒心理，為了避免他人洞察自己的真心的人，通常也是不會開口發笑的。

這種類型的笑，可以具體分為以下四種：

第一種：「哈哈哈」型

這種從腹腔發出笑聲的人，是屬於「豪傑型」的。普通人是很難發出這樣的笑聲的。這種笑聲的發出必須具備狀態極佳的身體，平常要想如此發笑，必是體力充沛者。

第二種：「呵呵呵」型

自我感覺沒有信心，強制壓抑不快的情緒時，沒有完全發笑的笑聲。時而以這種笑聲來掩飾內心的「牢騷」，當身體疲憊或心浮氣躁時也會有這樣的笑法。

第三種：「嘻嘻嘻」型

屬於少女型的笑聲，好奇心強，是凡事都想一試的性格，極其渴望博得周圍異性的好感，且此種心態隨時都可以表現在臉上；情緒時高時低，高興與鬱悶時的落差大。

第四種：「嘿嘿嘿」型

對他人帶有責罵或是輕蔑的態度時，抑或是當事者內心不安和煩惱時，帶有攻擊性，希望藉此壓抑對方以獲得快感。

笑是一個人快樂心情的表現，但笑的方式卻能識別一個人內心的動態和這個人的性格。

5 表情，傳遞著他的內心動機

在人類的心理活動中，表情是最能反映情緒表面化的動作，傳統的人相學以臉型、相貌等占測一個人的性格與命運，是有失偏頗的，但如果憑面部表情來推測和判斷一個人的性格，大致上是有相當的準確性的，因為我們就憑常識也知道表情是內心活動的寫照。透過表象窺探心靈的律動，把握情緒變化的尺度；了解感情互動的根源，表情就是傳遞這種資訊的顯示器。

從表情和動作上，能夠一眼洞察別人的內心動機，春秋時期的淳于髡就是這樣一個高手。

梁惠王雄心勃勃，廣召天下高人名士。有人多次向梁惠王推薦淳于髡，因此，梁惠王連連召見他，每一次都左右手退下與他單獨傾心密談。但前兩次淳于髡都沉默不語，弄得梁惠王很難堪。事後梁惠王責問推薦人：「你說淳于髡有管仲、晏嬰的才能，哪裡是這樣，要不就是我在他眼裡是一個不足與言的人。」

推薦人以此言問淳于髡，他笑笑回答道：「確實如此，我也很想與梁惠王傾心交談。但第一次，梁惠王臉上有驅馳之色，想著驅馳奔跑一類的娛樂之事，所以我就沒說話。第二次，我見他臉上有享樂之色，是想著聲色一類的娛樂之事，所以我也沒有說話。」

那人將此話告訴梁惠王，梁惠王一回憶，果然如淳于髡所言，他非常嘆服淳于髡的識人之能。

一九七三年，美國心理學家拜亞曾經做過這樣一項實驗。他讓一些人表現憤怒、恐怖、誘惑、無動於衷、幸福、悲傷等六種表情，再將錄製後的錄影帶放映給許多人看，請觀眾猜何種表情代表何種感情。其結果是，觀看錄影帶的這些人，對此六種表情，猜對者平均不到兩種。可見，表演者即使有意擺出憤怒的表情，也會讓觀眾以為是悲傷的感情。

從這個事例上看，雖然表情對展現性格有很大的可取性，表情相對於語言更能傳遞一個人的內心動向，但要具備在瞬間勘破人心，看似簡單，實屬不易。人類在長期生活實踐中，學會了掩飾內心真實情感的手段，這種手法在現代商業談判中屢見不鮮，洽談業務的雙方，一方明明在很高興傾聽對方的陳述，且不時點頭示意，似乎很想與對方交易，對方也因此對這筆生意充滿信心，沒想到對方最後卻表示：「我明白了，謝謝你，讓我考慮一下再說吧。」這無疑給陳述方當頭澆了一盆涼水。

所以，人們在通常情況下，沒有經過相當程度的對人們內心活動的研究，是不太容易探視出人心的真面目的。

俗語說：「眼睛比嘴巴更會說話」，單憑眼睛的動態就大致可推測一個人的心理，但是，想要抓住一個人性格的主要特徵，那就必須以眼睛為中心，仔細觀察全面的表情才行。

以下，就具體說明憑表情判斷性格的訣竅。在幾乎所有生物中，人的表情是最豐富，也是

最複雜的。

每個人都有一副獨特而不容混淆的臉相，即使雙胞胎也不例外，因此人們相見時，給人印象最深的就是臉。從這張臉上，大致能反映出年齡、性別、種族烙印，而且透過表情也可以流露出其人當時的情緒變化狀況。

當人們與他人交往時，無論是否面對面，都會下意識表達各自的情緒，與此同時也注視著對方做出的各種表情，正是這種過程，使人們的社交變得複雜而又細膩深刻。

在高明的觀察者看來，每個人的臉上都掛著一張反映自己生理和精神狀況的「海報」。狄德羅在他的《繪畫論》一書中說過：「一個人心靈的每一個活動都表現在他的臉上，刻劃得很清晰、很明顯。」

如下這些「臉語」是比較容易讀懂的：蹙眉皺額表示關懷、專注、不滿、憤怒或受到挫折等情緒；雙眉上揚、雙目張大，可能是表現驚奇、驚訝的神情；皺鼻，一般表示不高興、遇到麻煩、不滿等等。

愉快的表情在日常生活中很容易有被觀察的機會，它的特點是：嘴角拉向後方；面頰往上提；眉毛平舒，眼睛變小。

不愉快的表情，它的特點是：嘴角下垂；面頰往下拉，變得細長；眉毛深鎖，皺成「倒八」字。

自然可以具體化一點，比如：

眉——有心理學家研究，眉毛可有近二十多種動態，分別表示不同感情。漢語中常用詞語有：「柳眉倒豎」（發怒），「橫眉冷對」（輕蔑、敵意），「擠眉弄眼」（戲謔），「低眉順眼」（順從）。宋代詞人周邦彥有一句詞：「一段傷春，都在眉間。」這是因為一個人眉間的肌肉皺紋較為典型的表現出他的焦慮和憂鬱，即眉頭緊鎖，而一旦眉間放開、舒展，則是心情變得輕鬆明朗的標誌。

鼻——鼻子的表情動作較少，而含義也較為明確。厭惡時聳起鼻子，輕蔑時嗤之以鼻，憤怒時鼻孔張大，緊張時鼻腔收縮，屏息斂氣。

人的大腦分為兩半球，發自內心的感情通常由右腦控制，卻具體反映在左臉上；而左腦則專司理智性感情，然後反映在右臉上。因此左臉的表情多為真的，右臉的表情有可能是假的。若想知道對方的真實感情，必須強迫自己去觀察對方的左臉。

從面部表情上，讀透了內心所蘊藏的玄機，是識人高手厚積一世而搏發一時的祕技，最經典的莫過於三國時諸葛亮和司馬懿合唱的「空城計」了。

當諸葛亮帶領一幫老弱殘兵坐守陰平這座空城時，兵強馬壯的司馬懿父子，率領二十萬大

軍兵臨城下。

在城牆之上，諸葛亮焚香朝天，面相平靜，他旁若無人、洞開城門，自己端坐在城牆之上，手揮五弦，目送歸鴻，飄飄然令人有出塵之想。

一場千古的雙簧戲，由此拉開了帷幕，諸葛亮和司馬懿，這對謀略勢均力敵的高手，一個在城牆之上，一個在城牆之下，用心機對峙著。諸葛亮知道司馬懿能一眼看穿他虛張聲勢的空架式，但諸葛亮更知道，司馬家族和曹氏家族的衝突，倘若司馬懿拿下了諸葛亮，三國鼎立之勢不再，司馬家族目前羽翼未豐，最後難逃兔死狗烹的下場。

精通軍事的司馬懿當然知道幫劉邦打天下的韓信的下場。諸葛亮的存在，讓司馬懿有了和曹操周旋的機會，對付諸葛亮，曹操還必須倚重司馬懿，諸葛亮一倒，曹操立刻沒了後顧之憂，安內是必然之舉，那一刻，哪裡還有司馬家族的容身之地。

所以，在表情平靜的背後，倆人心中都在波瀾起伏，就是因為諸葛亮一生謹慎，心知司馬懿不會下手，才敢下這招看似冒險之局，當司馬懿的兒子提醒說，諸葛亮在使詐，城中必無伏兵，心知肚明的司馬懿立即打斷他的話，以諸葛亮一生唯謹慎的話，搪塞過去了。機智的司馬懿從諸葛亮平靜的表情上領悟到，這是諸葛亮謀劃著一曲和他合唱的雙簧戲，這齣戲，非大智大勇的人，絕不可能唱得如此之好。

6 從表情看心理

人之所以有表情，是因為人有豐富的表情肌。表情肌，頭肌的一類，能表現出表情。多在口裂和眼裂的周圍，如眼輪匝肌、口輪匝肌都是起自顱骨，止於皮膚，收縮時可改變眼裂和口裂的形狀，皮膚出現皺紋，從而表現出喜、怒、哀、樂各種表情，還可以參與語言活動。顱頂肌後方以枕肌起於上項線，中部為帽狀腱膜，前面以額肌止於額部皮膚，作用是牽動頭皮向前後移動，也參與表情動作。

因為人類交流的需求，所以人擁有了表情。不同種族、不同國籍的人，有一點是共同的，那就是快樂、悲哀、靜穆和狂怒等複雜、豐富的面部表情。透過他們可以看出一個人的精神生活和內心變化。因此，人的面部通常被看做人的靈魂的一面鏡子。人類複雜的表情變化都是在頭部的眉、眼、嘴、鼻的動作變幻上表現出來的，它是人體中最富有表情、最生動的部位。而它們又是由面神經支配的皮膚、肌肉等一系列複雜的運動來完成的。表情的作用不容忽視，主要有以下幾個內容：

(1) 從表情可知情緒

表情是情緒的晴雨表，透過表情，我們可以觀察到與我們交談的人的言語之外的反應。眉

飛色舞、笑顏逐開，標誌著談話氣氛非常融洽；怒目而視、左顧右盼，則說明談話進行得並不順利。

當然，一些細微的表情變化，也可以提示我們對方是否對話題感興趣，是否願意繼續下去。比如，眼神的朝向可以提示對方是在傾聽、思考還是漠不關心，嘴唇緊閉提示對方要下決心，青筋暴露則說明對方馬上就要發怒，該採取應急的措施了。

（2）從表情可知性格

不同性格的人，在同一情緒下的表情可能不同：遇到高興的事情時，開朗的人可能開懷大笑，一個靦腆的人則可能僅僅抿嘴笑笑，而一個憂鬱的人可能只露出一絲苦笑。常常面帶笑容、面部肌肉自然放鬆的人，他的心態一般比較穩定、平靜、開朗；而常常愁眉苦臉、面部肌肉緊張的人，他的心態往往不太穩定，可能心胸狹窄、脾氣暴躁。

由於面部表情由面部肌肉的活動形成，肌肉活動會在臉上形成各種表徵，比如皺紋等。久而久之，這些表徵就會刻記下來，成為永久的表情，這些永久的表情會向外界透露出本人性格方面的各種資訊。

（3）表情可辨別真偽

由於各式各樣的原因，人們在進行言語交談時並不一定完全說出自己的真實想法，這樣一

來，交際的實際品質就會大打折扣。這時候，表情可以幫助交際的雙方正確理解各自的真實意圖。因為多數表情是生理性的，不受意志支配，當一個人想隱瞞真相時，就會使有聲語言偏離真實的意圖，這時候表情就可能背叛他，把被有聲語言掩蓋的事實揭露出來。

除了有聲語言會掩蓋真情之外，人們還會使用表情來掩蓋真實的感受或意圖。比如，有的人在談論自稱是讓他快樂的事情時，臉上露著欣慰的笑，但是，如果他的感受是假的，很可能會有一種別的什麼表情飛快掠過臉上，或者出現在眼睛裡。這種短暫的瞬間表情，就是被蓄意隱藏了的，但也隨時會跳出來揭穿他的偽裝。

7 眼神——內心世界的鏡子

愛迪生說：「人的眼睛和舌頭所說的話一樣多，不需要字典，卻能從眼睛的語言中了解整個世界。」的確是這樣，眼睛的語言，是人臉部的主要表情之一，它與一個人的思想感情是有著密切的不可分割的關係的。一個人的所思所想很多時候會透過他的眼神表現出來，所以，透過觀察一個人豐富的眼睛語言，也可以在某種程度上對他有一個大致的了解和認識。

當一個人對另外一個人產生了好感，他沒有用語言表達出來的時候，多會用一種帶有幸福、欣慰、欣賞等感情交織在一起的眼光不停的打量對方。

當一個人表示對另外一個人的拒絕時，他會用一種不情願，甚至是憤怒的眼神，輕蔑的進行嘲諷。

當一個人看另外一個人時，用眼光從上到下或是從下到上不停打量時，表示了對他人的輕蔑和審視。而且這個人有良好的自我優越感，不過有些清高自傲，喜歡支配別人。

在談話的時候，如果有一方眼光不斷轉移到別處，這說明他對所談的話題並不是十分感興趣，另一方意識到這一種情況以後，應該想辦法改善這種局面。

在談話中，一方的眼神由灰暗或是比較平淡的狀態，突然變得明亮起來，表示所談的話題是切合他心意的，引起了他極大的興趣，這是使談話順利進行的最好條件和保證。

在兩個人的談話中，一個人在說話時，既不抬頭，也不看另外一個人，只顧說自己的，這很大程度上表示了對另外一個人的輕視。

當一個人用兩隻眼睛長時間盯著另外一個人時，絕大多數情況都是期待著對方給予自己一個想要的答覆。這個答覆的內容是各式各樣的，可能是一項計畫的起草，可能是一份感情的承諾。

當一個人用非常友好而且坦誠的眼神看另外一個人，還會眨眨眼睛，說明他對這個人的印象比較好，他很喜歡這個人，即使他犯了一些小錯誤，也可以給予寬容和諒解。

當一個人用非常銳利的目光、冷峻的表情審視一個人的時候，有一種警告的意思。

8　表情是真偽的測謊儀

這是由於人們在進行言語交談時，並不一定會完全說出自己的真實想法。所以，交際的實際品質就會大打折扣。這時候，表情可以幫助交際雙方正確理解各自的真實意圖。因為多數表情是生理性的，不受意志支配。

當一個人想隱瞞真相時，就會使有聲語言偏離真實的意圖，這時候他的神態就可能背叛他，把被有聲語言掩蓋的事實揭露出來。下面就是幾種表相背後隱蔽的真實心理。

(1)吞嚥口水

當你遇到一個陌生人或者當你告訴某人在你身上所發生的好消息的時候，不管他嘴裡說了些什麼，如果出現了艱難的吞咽動作，這已經準確無誤洩露了一個資訊——他此時此刻遇到你，並不是他最高興的事情。

某位小說家在其作品中曾有如下描述：

「哎呀，我真為妳感到高興，」潔西說著，嚥了一口口水，「妳就要有孩子了，真是太棒了！太讓人興奮了。」她說著，又嚥了一口口水。單調的語氣，費勁的吞嚥都顯示了潔西並不

是真心為她的朋友就要有孩子而感到高興，你可以清楚感覺到，其實她的內心很妒忌。因為她的震驚，所以她的神經系統自動開始作用。她的嘴唇發乾，所以她要拚命嚥口水使自己不要被嫉妒哽住喉嚨。她真正想說的話是：「我實在受不了妳了，我嫉妒死妳了。妳要什麼有什麼，現在還要有孩子了。可是看看我，要什麼沒什麼，沒有孩子，甚至沒有丈夫。」

(2) 打哈欠

通常你會認為當自己說話的時候，別人打哈欠所表示的僅僅是對自己所談論的內容感到厭倦，但心理學家們認為打哈欠還有更深層的含義，它可能是不願面對困難、痛苦以及緊迫問題時的一種逃避的辦法。當人們提出一些不想解決的問題時，他們常常下意識打哈欠來迴避這個問題。

一位心理醫生曾經講過這樣一個故事：

曾經有一個來訪者，她的兒子在學校裡是個「壞孩子」，總是蹺課，經常違反學校紀律……所有人都在擔心他就快要變成少年犯。當這位來訪者談論起她的這個「壞兒子」，並且當他們談論起她作為母親角色的時候，她總是不可避免打個哈欠。殊不知，她所表示的內心想法是，她無法解決她兒子的問題，因為她是一個過於溺愛和不稱職的母親。

(3) 輕觸鼻子

這個動作一般是用手在鼻子下沿快速摩擦幾次，有時僅僅是輕輕觸碰，幾乎讓人難以察覺。美國前任總統柯林頓曾因為緋聞事件接受法院審問，而在他試圖用謊話來掩蓋事實的時候，他總是習慣性輕觸自己的鼻子。有人曾做過詳細調查，他在陳述證詞期間觸摸鼻子的總數達到二十六次。

(4) 抓脖子

撒謊者一般在擔心謊言會被揭穿時做出這個動作。

(5) 摩擦眼睛

當兒童做這個動作時，他所表達的可能僅僅是「我不想看見某種東西」，而當一個成年人在用手摩擦眼睛的時候，他可能試圖隱瞞事實的真相。

(6) 鬆開衣領

一般都是撒謊者為了緩解緊張情緒時下意識所採取的動作，當然，有時氣溫過熱也會讓人採取相同的動作。

(7) 拉耳朵

撒謊者經常在對方可能會責難時做出這個動作。除了這些動作之外，人們還會使用神態進

行配合，目的就是為了掩蓋真實的感受或意圖。

另外，人們在口是心非的整個過程中，身體的潛意識也會散發出一種緊張的能量，從而使口中所說的語言與臉上的神態互相矛盾。在試圖掩飾真相的時候，人的神態無疑起著舉足輕重的作用。有的人甚至會刻意透過微笑、眨眼、做鬼臉來做掩護，殊不知，他的這種故意而為之的身體語言無法和原本該有的神態達成一致，致使在不經意間讓自己的謊言破產。

因為每個人在試圖掩蓋一個謊言或者一個不恰當的行為之時，他的臉上總是會出現些許遲疑，所以說，神態是鑑別真偽的測謊儀。

第三章 端詳姿態，一分鐘了解他人內心

心理學家研究指出，我們和他人的溝通，有百分之七十是無言無聲的。對方走路、站立的姿勢，歪著頭、敲敲手指，或者微笑、皺眉等「方式」，其包含的意義常比說話更豐富，「一切盡在不言中」就是這個道理。所以，透過端詳他人的姿態，就可以瞬間透析他人內心。

1 身體姿勢

比起口頭語言來，身體姿勢更能反映出一個人的內心。因為身體姿勢受人的情緒、感覺、興趣的支配和驅使，是內心狀態的外部表現。著名人類學家霍爾教授告誡人們：「一個成功的交際者不但需要理解他人的有聲語言，更重要的是能夠觀察他人的無聲訊號，並且能夠在不同場合中正確使用這種訊號。」

一個人對他人所持的態度，往往反映在他的姿勢上。比如，贊同的人大多蹺著二郎腿，一副自信的樣子；而反對的人雙手抱胸，大有不甘退讓之勢；保持中立的人，既有蹺腿而坐，又雙手抱胸，如果有誰突然改變了姿勢，很有可能顯示他改變了原來的立場。

當然，我們說姿勢表現一個人的心理狀態，並不意味著每一種姿勢都一一反映他人每一種心理活動的具體內容。因為人的心理活動不僅微妙，而且多樣化。因此，所謂姿勢反映的只是各樣心理活動的一個整體。從某種意義上講，它是人們內心的情感、情緒，或者是限制心理活

動的基本傾向。

一般而言，以下四種姿勢在日常交際中最為常見：

（1）象徵性姿勢，可以直接表達思想

這種姿勢具有語言表達的功效，可以直接表達思想。在聽者聽不見講話者說話的情況下，經常透過姿勢而不透過言語來進行，這同運用詞彙具有一樣的功效。例如地勤人員用來引導滑行飛機進入指定位置的姿勢，交警指揮車輛有條不紊的前進的姿勢等等。

（2）說明性姿勢，主要起補充和潤色作用

這種姿勢往往伴隨語言，用來對語言所表達的思想進行補充和潤色。如脖子下縮、雙臂緊抱，說「我快要凍死了」。這些伴隨語言的動作就是說明性姿勢。

（3）感情性姿勢，可以隱藏真實感情

這種姿勢可能是有意識的，也有可能是偽裝出來的不真實感情。例如：年輕的新娘打開禮物時本來並不驚訝，雖然她早就知道裡面是什麼東西。但在一般情況下，感情姿勢表露的大多是我們當時真實感情的反映。感情姿勢可以伴隨言語，也可以不伴隨言語而單獨出現。

（4）調整性姿勢，有可能是無意識的

講話者伴隨言語做出點頭、搖頭等動作，告訴聽者何時保持安靜、注意傾聽，或何時可以

插話等。聽者方面的調整性姿勢則表示請講話者論證、重複、繼續、加快、講得更生動，或允許聽者插話等等。人們往往並非清楚意識到在運用這種姿勢，例如很多人都無意識的一邊點頭、一邊發出「嗯、嗯」的聲音。

在與他人的交往中，如果你發覺對方的姿勢顯得彆扭和可笑，那麼，此時他內心的情緒一定與他所表現的姿勢不相吻合。

在與他人的交往中，你全身的每一個細胞都在竭力表現著。這些表現，除了表情和動作等外，很重要的是身體姿勢的功勞。它會使對方準備聽你說話或是不想聽你說話，使人對你產生敬意或是反感。所以，在說話之前，就要注意你的姿勢。比如坐著突然站起來，或者把座位向對方移近一點，或者突然來個不尋常的姿勢，只要做得自然、做得得體，對表達思想都有一定的幫助。

2　坐姿

坐姿是一種靜態的身體造型，是人們在社交中採用最多的姿勢。端莊優美的坐姿不僅給人穩重、大方的感覺，也是個人氣質和修養的重要表現形式。但是，千人千面，不可能每個人的坐姿都相同，所以，從不同的坐姿，我們可以窺視不同人的性格。

要想從一個人的坐姿中對這個人有一定的了解和認識，有以下三個方面需要注意：

（1）他與交往的對象保持的距離

一般來說，彼此間空間的實際距離常常代表著心理上的距離。如果空間的實際距離小，說明雙方的關係比較親密，反之亦然。

在交往中，如果有一方不斷靠近另一方，希望縮短空間的實際距離，這從某一側面也表示出了他想拉近彼此之間心理上的距離。如果一方與另一方保持著一定的距離，而且也沒有拉近空間實際距離的任何暗示，則顯示他想保持一定的心理距離。

**（2）他坐在交往對象的什麼位置上，這對於觀察、了解和認識一個人也是有很大關係的。彼此面對面坐著，可以使雙方都處在最佳的位置觀察對方，同時也表示了對對方的尊重。但是這樣坐，很容易引起視覺上的衝突，形成對峙的局面。所以偏離正對著的位置，稍稍往旁邊偏一下，往往會產生更強烈的親密感和共同感。

並排坐著的人，如果改成面對面坐著，顯示彼此之間有所猜測，產生了矛盾，當然，也有可能是對某一個話題產生了非常濃厚的興趣，急於想知道其全部真相。相反，如果由面對面坐著，改成了並排坐著，則在一定程度上暗示彼此之間的心理距離正在不斷縮小。

（3）他採取什麼樣的坐姿

坐姿是人們向外界傳達自己內心思想感情的一種方式。它往往比語言更能表達出自己想表達的意思，從而讓外界更容易領悟，以便了解和認識一個人。

一般而言，斜躺著與人講話的人，多是具有某種能力或實力的人，所以才有斜躺著說話的資本。在社會交往中，這是一種極不禮貌的表現，但他仍然堅持這樣坐，是因為他所處的地位決定了他會有這種自我膨脹、居高臨下的優越感。他即使有一定的權勢、能力和實力，在很多時候也並不一定會得到下屬真正的擁戴，這是由於他經常對人頤指氣使、沒有起碼的尊重而造成的。

如果是斜躺著，但雙腿伸直，雙手枕在頸後，那麼這種讓人看起來相當輕鬆的姿勢，卻意味著做出這一姿勢的人心裡卻並不一定真正的輕鬆。他們很可能對他人充滿了懷疑，內心深處也極度的不安，甚至可能有自卑心理，從而導致對外界產生一種牴觸情緒。他們並不是十分容易溝通，若想和他們保持良好的關係，多需要採取一種低姿態，讓他們獲得心理滿足。

在座位上坐下以後，立即蹺起二郎腿的人，若是女性，說明她很希望交往的對象能夠給予她足夠多的注意。若是男性，多顯示他的內心有很強的對抗意識，絕對不會心甘情願輸給對方，同時也反映出他較為自信和隨便的性格特徵。

蹺二郎腿時習慣於右腿在上。這種人往往性格內向，不易接近。善於配合別人，對能夠主動引導自己的人懷有好感。在愛情婚姻方面，不善於主動追求別人，若為女性，則絕對不會主動與男性接觸，而且非常討厭缺乏男子氣概的男性。習慣於左腿在上的人大多性格開朗，喜歡交往，凡事積極主動稍顯張揚，冷靜，有心計。坐著的時候，雙腿緊緊併攏，兩手放在膝蓋上，這樣的人的性格中膽怯、害羞的成分占了很大的比例，他們對新環境的適應能力往往很差，需要長時間的調節，而在沒有調節過來之前，往往對所處的環境充滿了局促和不安，表現在動作上就是一舉一動都顯得很僵硬和呆板，讓人看了不舒服也不美觀，並伴有緊張和焦慮的感情。這樣的人大多自信心不是特別的強，不善於表達自己，哪怕是與自己最傾慕的人在一起，也說不出一句「火辣」的話，更做不出親熱的舉動。

如果這種坐姿端正但不生硬，坐著的人也並不顯得拘謹，那麼，對女性而言，這種坐姿是修養的表現；對男性而言，則是表示拒絕的姿態，如果你面前的男子是這種坐姿，那麼還是識相一點，因為他對你已經不耐煩了。

雙腿不斷相互碰撞或是抖動的人，說明他們此刻的心情很不平靜，可能是在思考什麼方法和策略。這種動作在有問題發生時，是下意識的，一般人都會有所表現，但如果沒有發生什麼比較讓人勞神的事情還有這樣的表現，則說明這個人比較暴躁、易怒，不夠沉著和冷靜，也缺

乏耐性。

大腿叉開，兩腳跟併攏或者是保持並不太大的距離，女性很少會採用這種坐姿，因為會顯得不雅觀。採用這種坐姿的多出現在身體比較肥胖的人身上，而且多是男性。這樣的男性大多較大男人主義，或者具有一定的社會地位或成就。在談話中，採用這種坐勢很容易讓人產生一種優越感，這種優勢感再附加一定的勇氣和果斷力，使人更容易控制局面。他們一般都有比較強的自信心，屬於外向型的人，在任何時候都希望把自己塑造成一個核心式的人物。

膝蓋併在一起，小腿分開成「八」字形，兩手掌相對，放於膝蓋中間，這種坐姿以女性為多，或者性格較陰柔的男性。這種人天性害羞，總是臉紅，最害怕的就是與人交際。他們有著非常細膩的情感世界，但並不容易讓人覺得溫柔。他們對朋友是相當真誠的，朋友有求於他們的時候，只需打個電話就行。他們思想保守，習慣於以過去成功的經驗作為依據，甚至以幾十年前的社會規則作為自己處世的原則，有些因循守舊。他們的愛情觀非常傳統，經常被舊時代的規範壓得喘不過氣來，但仍要遵循「三從四德」之類的舊觀念。

坐著的時候兩腿交叉，雙臂張開，這一類型的人大多是相當沉著和冷靜的，他們的隨機應變能力比較強，在突發事件面前往往能夠迅速做出反應。他們善於對他人進行仔細入微的分析和觀察，然後再與之接觸。他們還具有一定的胸懷，善於接納他人的意見，但他們卻很少把自

己的真情實感流露出來，讓他人更多了解自己。骨子裡暗藏一股霸氣，希望駕馭一切，對什麼都喜歡指手畫腳，屬於領袖型人物。

坐著的時候雙腿交叉，雙臂也交叉，並抱在胸前。這一類型的人大多缺乏冒險精神，而樂於遵循一些約定俗成的規章制度。他們缺乏責任感，從來不會輕易向他人允諾什麼。而且安全意識差，總是想著尋找一個一勞永逸的避難所。

雙腳著地，微微分開，這一類型的人多比較認真、實在，做事情腳踏實讓人放心。他們有較強的取勝欲望，從來不會輕易就向誰服輸。他們在很多時候能讓自己的大腦保持清醒，對自我要求很嚴格，從不會放縱自己，對那些無視道德法律的人常常不屑一顧。他們做事多講究一定的先後順序。

坐著的時候，雙腳著地，分得很開，兩手也放得很隨意，整個姿勢顯得很開放。這一類型的人，大多開放、熱情，至情至性，常輕鬆自處，任何人與他們在一起都會有相當好的感覺。他們總是笑容可掬，喜歡交際，待人真誠，所以會有許多人願意與他們交往，他們也會有很多不錯的新老朋友，人際關係相當不錯。他們對任何事物常能做出比較正確的判斷，這一點值得許多人依賴和信任，而且他們具有一定的寬容和忍耐力，能夠對他人的談話保持自始至終的精神集中，是很好的聽眾。

坐著的時候，把兩隻手放在兩腿中間，這一類型的人常有許多期待，但卻並不付諸行動將這些期待變成現實，而是一味等待。在絕大多數時候，他們都處在相當被動的位置。

把雙手放在屁股下邊坐著，這一類型人的心理負擔非常重，但又總是竭力控制自己的情緒不讓它發作，沒有人知道什麼時候他們也會變得歇斯底里。

3 站姿

人際關係中，站姿是一個人全部儀態的核心。所謂「站有站相」，一個人的站姿不僅能顯示這個人的氣質和風度，也是這個人內心想法的真實表現。所以，觀察一個人的站姿，可以知道他們的某些性格特點和此時此刻的心理、精神狀態。

一般來說，一個人昂首挺胸，高視闊步，說明這個人比較自信、自尊，甚至有些自負，好妄自尊大，同時在性格中也有清高、孤傲的成分，虛榮心和表現欲比較強。他們的社交能力很強，容易成為社交圈裡的領袖人物。

如果一個人躬身俯首，微收雙肩，說明這個人比較謙虛和謹慎，自信心不足，缺乏一定的膽識和魄力，沒有冒險精神。雖然也有虛榮心和表現欲，但這種感情又和本身過於內斂的性格發生了衝突，而不敢表現自己，不太容易引起別人的注意。

略顯佝僂的人，大都性格陰沉，總是顯得無精打采，情緒消沉。這種人常常處於自我封閉的狀態，戒備心理強烈，不容易接近，更難以與他們成為朋友。他們看上去飽經風霜，事實上也許並沒有經歷過什麼苦難，因為他們的性格會使他們避免陷入波折之中。他們之所以這樣站立，也許是潛意識中在躲避被人攻占，也有可能正在醞釀著什麼陰謀詭計。

靠著其他東西站立的人，往往是在某方面經受過打擊，事業或生活上沒有獲得成功，內心有很強的挫敗感。他們心無城府，不善於隱藏自己的思想感情，想表達什麼就表達什麼，但能夠把握好分寸，不至於惹人厭煩。在人際關係上，他們不斤斤計較，坦誠體貼，能夠設身處地為對方著想，容易接納別人。

採用「稍息」姿勢站立的人，通常有很強的自信心，有駕馭對方的心理，將會在之後的交談或交往過程中發起攻勢。他們對生活和工作有十足的把握，喜歡控制全域，統領一切，容易成為領袖或獨裁者。

雙腳自然站立，左腳在前，左手放在褲子口袋裡，這種人敦厚篤實，人際關係較為協調，從來不給別人出難題。他們總是先站在別人的立場上替別人著想，幫助他們分析利弊，這種無私的舉動往往會在人際關係中收到神奇的效果，會帶來很多朋友。這種人喜歡安靜的環境，雖然給人的第一印象比較斯文，不過一旦發火就會暴跳如雷，比一般人還要暴躁。在男女關係方

面，他們持一種比較自由的觀點，反對互相束縛，最討厭把感情建立在金錢上。

雙腳自然站立，雙手一會兒插進褲子口袋，一會兒又抽出來，這種姿勢給人的感覺，好像是有很多事情等著他去幫忙，而實際上他並不忙，只是比較局促不安，有些手足無措。這種人的性格比較謹慎，凡事喜歡三思而後行。在工作中，他們缺乏靈活性，處理問題比較呆板，事後常常後悔。他們把愛情看得異常神聖，不會輕易喜歡上任何人，更不會輕易表達愛意。他們喜歡空想，對現實的適應能力比較差，經受不起失敗的打擊，在逆境中容易心灰意冷。

雙腳自然站立，雙手十指相扣放在腹前，大拇指來回搓動，這種站姿比較少見。這類人的表現欲特別強烈，喜歡在公共場合大出風頭。如果什麼地方舉行遊行示威，那麼走在最前面扛著大旗的，往往就是這種人。他們爭強好勝，總想壓住其他人。他們也確實有著獨樹一幟的才智，能想別人所未想，發現別人所未發現的。不過，雖然他們頭腦活躍，而且喜歡社交，但實際上他們的人際關係非常差，這是因為他們實在是太喜歡出風頭了，過於張狂。

兩腳併攏或自然站立，雙手背在身後，這種站姿可以稱為「服從型的站姿」。這類人在感情上大多比較急躁，但人際關係處理得相當融洽，其中最大的原因是他們很少對別人說「不」。這種人在工作中缺乏開拓和創新精神，但是踏實仔細，一切都按照最傳統、最牢靠的方式做，所以很少有人反對他們，更不會受到主管的責罵。他們對生活很知足，不願與人發生任

何爭鬥，總是笑咪咪的。對於上司，他們會發自內心順從，而且很合乎規範的讚美他人，他們並不是存心阿諛奉承，但是往往比拍馬屁的高手更得主管的歡心。

雙手交叉抱於胸前，兩腳平行站立，這種姿勢顯得攻擊性十足，不可一世，我們經常會在電影裡看到這種架勢，尤其是黑社會的打鬥場面。這種站姿的人叛逆性很強，爭強好勝，時常忽視或貶低對方的存在，具有強烈的挑戰心理和攻擊意識。這種人不太會保護自己，好打抱不平，容易惹麻煩。在工作方面，他們不會被傳統束縛住手腳，大膽而放肆。他們的創造能力總是比其他人發揮得更淋漓盡致，這倒不是因為他們更聰明，而是因為他們更勇於發揮自己。不過，他們常常管不住自己，肆意妄為，一般人領導不了他們。

4　走姿

英國心理學家莫里斯經過研究發現一個有趣的現象：人體中越是遠離了人的大腦部位的動作，越是可能表達其內心的真實感情。照這麼說來，腳離大腦的距離最遠，相比之下人的腳部要比其他部位「誠實」得多，因此腳的動作能夠洩露人們獨特的心理資訊。

與其他的肢體語言一樣，腳的動作有特殊意義。人們能夠從「腳語」來判斷一個人的性格或心情。行為學家明確指出：「在一般情況下，要判斷對方的思考彈性如何，只要讓他在路上

走走，就可以基本了解了。」一個人的心情不同，走路的姿勢也就不同；每個人的秉性各異，走起路來也有不同的風采。因此可以說，在洩露人的心理活動這一方面，腳是全身最誠實的部位。無論在日常生活或公共場合，走路都是「有目共睹」的肢體語言，往往能表現一個人的風度和修養。人們走路的樣子千姿百態，各不相同，也從側面反映了他們的性格特徵。

有的人走路從來都是不慌不忙的，哪怕碰到了最重要最緊急的事也是如此。這種人辦事歷來求穩，無論做什麼事情都要「三思而後行」。這樣的人比較講究信義，比較務實，一般來說，工作效率很高，說到做到。

有的人走路總是習慣上體前傾，看上去像彎著腰，這並不是因為走得太快，需要用身體平衡——相反，步伐還非常平緩。這種人的性格比較內向和溫和，為人比較謙虛，一般不會張揚，很注意嚴格要求自己，很有修養。他們不苟言笑，與人相處也是一副冷漠漠樣，似乎很難交往。實際上，他們非常珍惜自己的友誼和感情，一旦成為至交則至死不渝，在發生衝突時甚至會抱著「寧肯人負我，不可我負人」的觀念。因此，他們總是受害最多，而且不願向人傾訴，悶在心裡。

有的人走路把頭低著，雙手緊緊背在背後。他們的腳步有時很慢，不時還會停下來踢一下石頭，或者撿起什麼東西來看一下，然後又丟下。從一般的情況看，有這種行為的人往往心事重重，他們或許正在為一件很難辦的事情而焦頭爛額。

有的人步履矯健，輕鬆自如，靈活敏捷，富於彈性，這種人使人聯想到年輕、健康、充滿活力；有的人步履端莊、自然而大方，給人一種莊重而斯文的感覺；有的人步履雄健而有力，給人一種英武、無畏的印象；有的人步履輕盈、靈敏，行如和風，讓人油然而生歡娛而柔和的感覺。

有的人走路不管有事無事，不管有沒有時間，總是匆匆忙忙的，走路速度很快。這類人是典型的行動主義者，大多精神充沛，講求效率，從不拖泥帶水。他們適應能力特別強，勇於面對現實生活中的各種挑戰，而且勇於承擔責任。因此，很多人願把他們作為可靠的朋友。

如果一個端莊秀美的女子走路的時候來也匆匆去也匆匆，腳步零亂，那麼就可斷定這位女子一定是個性格開朗、心直口快、不留心眼的人。反之，如果一位女性看上去不常打扮，走起路來卻小心翼翼的樣子，那麼這樣的人一定是「外粗內細」的精明人，辦事時往往會以豪放的外表來掩蓋嚴密的章法。

無論男女，如果步伐過快，而且慌不擇路、橫衝直撞，除非遇到了緊急情況，否則就是性情急躁的人。他們坦率真誠，喜歡結交五湖四海的朋友，不會做出對不起朋友的事。辦事風風火火，缺少必要的仔細，事情辦成的機率不會特別高。

走路不疾不緩，雙手輕鬆擺動，走起路來顯得文質彬彬。這樣的人大多富有教養，但是膽小怕事，缺乏遠大的理想，不思進取，喜歡平靜，願意安身於一成不變的生活之中。在工作中，他們遇事冷靜沉著，有一定能力，但不容易獲得升遷，這是因為他們願意原地踏步和維持現狀，所以事業上平平淡淡，比上不足比下有餘。這樣走路的女人多屬於賢妻良母型。

有的人走路兩手叉腰，上體前傾，就像一個短跑運動員。他們可能是一個急性子，總希望在最短的時間之內跑完急需走完的路程。這種人有很強的暴發力，在要決定實施下一步計畫的時候常常表現出這樣的動作。在這段時間裡，從表面上看，他們處於沉默的階段，好像沒有什麼大的舉動。其實，這叫「無聲勝有聲」。他們的這種動作，實際是一個大大的「V」形，他們所要告訴別人的是，勝利正在向自己走來，你們就等著我的好消息吧！

有的人走路的時候，下巴高高抬起，手臂來回擺動，腿就像高蹺一樣顯得比較僵硬。他們的步子常常是那樣的穩重而遲緩，好像刻意要在別人的心目中留下深刻的印象。這種人很傲慢，被人們稱為「墨索里尼式」步態。如果不想與這樣的人對抗，在他們的面前最好表現的謙虛一點，否則會不歡而散。

O型腿的人，這種內八字式的走路姿勢，往往讓人顯得憨實厚道。實際上，他們是很細心的，生活中的所有細節都會被他們注意到。他們不會標新立異，只追求平淡的生活，事事喜歡

按部就班進行，如果有突發事件就會大亂陣腳，顯得手足無措。如果讓他們當主管，成為眾人注目的焦點，他們會感到渾身不自在，整天煩躁不安。

走路左右搖擺，以這種姿態走路的多是女人。有人認為這種女人性格輕挑，實際不然。她們往往熱情、善良、隨和，是社交高手，工作方面會很出色；而且她們溫柔體貼，可以成為一個賢妻良母。如果男性以這種姿態走路，顯得弱不禁風，那麼在性格上就不是很健全。他們喜歡故弄玄虛，雖然內心虛弱，卻喜歡擺出一副卓而不凡的架勢。面對難題，他們不是推卸責任就是不了了之，難有作為。在人際關係上，他們奸詐虛偽，善於阿諛奉承，不允許別人有半點對不起他們。整體而言，在愛情和生活上，他們都不容易成功。

走路的時候昂首挺胸，雙手背在身後，顯得非常具有優越感。這樣的人在性格上往往唯我獨尊，驕橫霸道，領導欲和占有欲很強。習慣於這種動作的人，往往地位很高，有權有勢，政府要員、高級軍官、學校校長、公司董事長等「大人物」才具有這種步態。如果並無地位卻有此步態，那麼往往是內心虛弱、強撐門面的表現。

有的人走路總是不正規，就像出國旅遊似的，一點也不正經。他們屬於外向型的人，對周圍的一切事情都感興趣，但他們對什麼事情都不會很認真，可以接受各式各樣的意見。所以被稱為「曲線型」的人。

有的人走路頭幾乎不動，筆直往前走去。這樣的人關心自己超過關心別人，很少注意目的地之外的人和事。這樣的人是內向型的人，主觀意識很強，處理問題很少有彈性。他們如果去當會計、出納，要在他們那裡開後門是不容易的。他們被稱為直線型的人。

5　手勢

手勢是一個人內心世界的反映，同樣透過手勢語言，我們可以去識人。下面是一些常見手勢所暗含的心理活動：

(1) 翹拇指表示稱讚

翹大拇指，更多的時候是表示稱讚的意思。但在一些特定場合，用拇指指人還有譏笑或貶低他人的作用。例如，某丈夫握著拳頭卻將大拇指指向妻子，側身對其朋友說：「你知道，女人嘛，都那樣！」這很可能會引起夫妻間的一場口角，用大拇指斜著指人的動作，是會引起他人不滿的，最好少用或不用，真誠讚賞和稱讚他人時，應該面帶微笑，將手平伸出去，將拇指上揚，才能表現態度謙虛乃至尊重。

(2) 握緊拳頭說話有力量

一般情況下，在莊重、嚴肅的場合宣誓時，必須要右手握拳，並舉至右側齊眉高度。有時

在演講或說話時，握緊拳頭，則向聽眾表示：「我是有力量的。」但如果是在有矛盾的人面前握緊拳頭，則表示：「我不會怕你，要不要嘗嘗我拳頭的滋味？」

通常情況下，握緊拳頭，顯示的是一種果斷、堅決、自信和力量。平時我們聽人演講見人講話時握緊拳頭，證明這個人很自信，很有感召力。但在日常生活中，我們與人發生不愉快時，請把你的拳頭藏起來，而不要握起拳頭在對方面前晃動，那樣做的結果，勢必會引起一場打鬥，這是不可取的。

(3) 雙手叉腰是挑戰

孩子與父母爭吵、運動員對待比賽、拳擊手在更衣室等待開戰的鑼聲、兩個吵紅了眼的冤家……在上述情形中，經常看到的姿勢是雙手叉在腰間，這是表示抗議、進攻的一種常見舉動，有些觀察家把這種舉動稱之為「一切就緒」，但「挑戰」才是最基本的實際含義。

這種姿勢還被認為是成功者所獨有的站姿，它可使人聯想到那些雄心勃勃、不達目的誓不甘休的人。這些人在向自己的奮鬥目標進發時，都愛採用這種姿勢。含有挑戰、奮勇向前趨勢的男士們也常常在女士面前採用這種姿勢，來表現他們男性的好戰以及男子漢形象。

在生活中，我們應該多些友愛和陽光，說話時雙手叉腰，我們可以向困難挑戰，可以向遠大目標挑戰，而不可以向同類挑戰，不可以用雙手叉腰增添劍拔弩張的氣氛。

(4)手勢上揚有號召力

手勢上揚，代表著贊同、滿意或鼓舞、號召的意思，有時候也用以打招呼。朋友見面，遠遠揚起手：「Hi！」、「Hello！」演講或說話時手勢上揚，最能表現個人風格，顯示演講者或說話者是個性格開朗、豪放、不拘於形式的人。

手勢上揚，是一種幅度比較大的手勢動作，容易使人產生比較鮮明的視覺形象，引起人們對於形式美的富於社會內容的主觀感受。有人描繪法國前總統戴高樂：「當他進行公開演講時，他的習慣動作是兩臂向上。其目的只是為了強調他的講話……有時他舉著雙手，把自己直挺挺的上身從桌上伸出俯向聽眾，好像要把演說者的堅定信念注入到聽眾的心坎上……。」

總之，手勢上揚是個很受人歡迎的動作，從側面反映出這個人是豪放、大度、有號召力的。

(5)手勢下劈可製造語勢

手勢下劈，給人一種泰山壓頂、不容置疑之勢，使用這種手勢的人，一般都高高在上，高傲自負，喜歡以自我為中心，他的觀點，不會輕易容許人反駁。伴隨著這個動作的意思是：「就這麼辦」、「這事情就這樣決定了」、「不行，我不同意」等等。

日常生活中，我們常遇到一些主管，為了強調自己的觀點，把手勢往下劈，每當這個時

候，聽者最好不要輕易提出相悖的觀點，對方一般也是不會輕易採納的。平常與同事或朋友三五成群爭論問題，有人為了證明自己的觀點而否定別人的觀點，也常用這種手勢否定別人的觀點，打斷別人的話，善於識別這種手勢語言，有助於我們為人處世採取適當的姿態。

(6) 雙手平攤表示坦誠

當人們開始說心理話或說實話時，總是把手掌張開顯示給對方，像大多數體態語言一樣，這一舉止有時是無意識的，有時是有意識的，它都使人感到或預感到對方將要講真話。相反，小孩在撒謊或隱瞞真情時總是將其手掌藏在背後，當夜晚與朋友們玩耍通宵方歸的丈夫不願對妻子說出他的去處時，常常將手插在外套口袋裡或兩臂相抱將手掌藏起來，而妻子則可以從丈夫隱藏的手掌上感覺到丈夫在隱瞞實情。

由此可見，當一個人與你交談時不時伸出雙手攤開，這說明他是誠實可靠的。有趣的是，大多數人發現攤開手掌時不僅不容易說謊，而且還有助於制止對方說謊並且鼓勵對方坦誠相待。

所以，在生活中，我們不妨也經常將雙手攤平，多給他人以坦誠，這樣，你在任何人心目中的形象都一定是美好的。

西方有心理學家斷言：「判斷一個人是否坦率與真誠，最有效、最直觀的方法就是觀察其

手掌姿勢是否雙手推開。」當人們願意表示完全坦率或真誠時，就向人們攤開雙手，說：「沒有什麼值得隱瞞的，讓我坦率告訴你吧！」

(7) 雙臂合抱可以趕走說話的緊張

雙手往胸前一抱，就構成了一道阻擋威脅或不利情形的有力屏障，由此可見，當一個人神經緊張、極度消極和充滿敵意時，就會很自然把雙手抱在胸前。

雙臂合抱的姿勢常見於一個人在陌生人當中，特別是在公開集會上、走廊裡或電梯裡，以及任何一個使人感覺不自在和不安全的場合。

所以，在日常生活中，與人面對面交談時，看到對方雙臂緊抱胸前，你應推測自己肯定講了讓對方不同意的話。這時，儘管對方口頭上還不停表示贊同，但你如果不改變方式，仍堅持原來的論點繼續講下去將毫無意義。

人體語言媒介從不會「撒謊」，而一般的語言媒介都可能會撒謊。請記住，只要對方雙臂合抱的姿勢出現在你面前，對方的否定態度就不會消失。須知是你讓對方採取了這種態度，最明智的做法就是努力改變自己的觀點，讓合抱的雙臂鬆開，友好的情緒也就隨著雙臂鬆開的一刻開始。

（8）十指交叉顯示不安和消極

在人們面帶微笑和愉快談話時，常常無意識將十指交叉。常見的姿勢是交叉著十指舉在面前，面帶微笑看著對方。也有的交叉著十指平放在桌面上，這種動作，常見於發言人，出現這個動作，發言正處於心平氣和、娓娓敘談的時候……似乎上面這幾種表情都是顯示很自信，但往往並非如此。

有一次，一位推銷員講述一次他推銷失敗的故事。隨著他的講述，人們發現他十指緊緊交叉，手指變得蒼白無色，似乎要融化到一起。這一手勢顯示其受挫情緒或對某人有敵視態度。

尼倫伯格和卡萊羅對十指交叉手勢研究後得出結論：這是一種表示心理不安的手勢，顯示在掩飾其消極態度。

一般來說，做出十指交叉手勢時，手的位置的高低似乎與消極情緒的強弱相關。有的將十指交叉放在膝上，也有的站立時將十指交叉放在腹前。按交往的經驗而言，高位十指交叉比中位十指交叉更顯得莫測高深。正像所有表示消極情緒的姿勢一樣，要想讓使用這個姿勢的人打開緊緊交叉的十指，都需要某種努力來完成。否則，對方的不安和消極是無法改變的。

當我們演講或是日常生活中與人交談時，如果遇到情緒消極的情況，做出十指交叉的手勢，可以在心理上起到自我保護的作用，從而使談話更少受到消極情緒的負面影響。

6 小動作

古人云：「聽言觀行，知人良法。」就是說，聽其說話，看其行動，是識別人的好方法。心理學家們近來的研究指出，一個人的姿態往往反映著一個人對他人所持的態度。每個人舉手投足之間都反映了其心態和性格。所以，透過一個人的一舉一動來透視其內心，也是一種識人妙法。

(1) 手插褲子口袋者

雙腳自然站立，雙手插在褲子口袋裡，時不時取出來又插進去，這種人的性格比較謹小慎微，凡事三思而後行。在工作中他們最缺乏靈活性，往往用固定模式來解決很多問題。他們對突如其來的失敗或打擊心理承受能力差，在逆境中更多的是垂頭喪氣，怨天尤人。

(2) 雙手後背者

兩腳併攏或自然站立，雙手背在背後，這種人大多在感情上比較急躁，但他與人交往時，關係處得比較融洽，其中可能較大的原因是他們很少對別人說「不」。當過兵的人對雙手後背這種習慣動作很熟悉。儘管部隊規定在正式場合不許把手插在口袋和背手，但還是可以看到在非正式場合一群新兵聊天的時候，突然老兵班長來了，他往往就是背握著手，昂起下巴，在新

兵中走來走去。把老班長這種動作換成語言來表示，就等於他在說：「我是老兵，我是班長，你們得聽我的。」這是相當自信的姿勢。

(3) 經常搖頭者

經常「搖頭」或「點頭」以示自己對某件事情看法的肯定或否定。他們在社交場合很會表現自己，卻時常遭到別人的厭惡，引起別人的不愉快。但是，經常搖頭或點頭的人，自我意識強烈，工作積極，看準了一件事情就會努力去做，不達目的誓不甘休。

(4) 吐菸圈者

這種人突出的特點是與別人談話時，總是目不轉睛看著對方，支配欲望強，不喜歡受約束，為人比較慷慨、義氣重，因此他們周圍總是包圍著一群相干和不相干的人。吐菸圈還能看出此人對某個狀況是積極的還是消極的態度，那就是看他把菸圈是朝上吐還是朝下吐。一個積極、自信的人多半會把菸向上吐；相反，消極、多疑的人多半會朝下吐菸。若是朝下吐，而且是由嘴角吐菸時，表示出此人非常消極或詭祕。

(5) 拍打頭部者

拍打頭部這個動作多數時候的意義是表示對某件事情突然有了新的認識，如果說剛才還陷入困境，現在則走出了迷霧，找到了處理事情的辦法。拍打的部位如果是後腦勺顯示這種人敬

業，拍打腦部只是為了放鬆一下自己。時常拍打前額的人是個直腸子，有什麼說什麼，不怕得罪人。

（6）拍打掌心者

與人談話時，只要他動嘴，一定會有一個手部動作，比如相互拍打掌心、攤開雙手、擺動手指等等，表示對他說話內容的強調。這種人做事果斷、雷厲風行、自信心強，習慣於把自己在任何場合都塑造成「領袖」人物，性格大都屬於外向型，很有一種男子漢的氣派。

（7）言行不一者

當你給某人遞菸或其他食物時，他嘴裡說「不用」、「不要」，手卻伸過來接了，顯得很客氣的樣子。這種人比較聰明，愛好廣泛，處事圓滑、老練，不輕易得罪別人。

（8）觸摸頭髮者

這種人個性突出，性格鮮明，愛恨分明，尤其嫉惡如仇。他們經常做一些冒險的事情，喜歡擠眉弄眼，愛拿人當調侃對象。這些人當中有的缺乏內涵修養，但他特別會處理人際關係，處事大方並善於捕捉機會。

（9）抖動腿腳者

喜歡用腿或腳尖使整個腿部顫動，有時候還用腳尖磕打腳尖或者以腳掌拍打地面，這種人

很能自我欣賞，性格較保守，很少考慮別人。然而當朋友有困難時，他會經常給朋友提出一些意想不到的好的建議。

(10) 手摸頸後者

當一個人習慣用手摸頸後時，是出現了惱恨或懊悔等負面情緒。這個姿勢稱為「防衛式的攻擊姿態」，在遇到危險時，人們常常不由自主用手護住腦後，但在防衛式的攻擊姿勢中，他們的防衛是偽裝，結果手沒有放到腦後，而是放到了頸後。女人伸手向後，撩起頭髮，來掩飾自己惱恨的情緒，並裝作毫不在意的樣子。

(11) 攤開雙手者

大部分的人要表示真誠與公開的一個姿勢，便是攤開雙手。義大利人毫無約束得使用這種姿勢，當他們受挫時，便將攤開的手放在胸前，做出「你要我怎麼辦」的姿態。他做的事情出現了壞的現象，別人提出來，而他攤開雙手，表示他自己也沒有辦法解決，一副無可奈何的樣子。攤開雙手，有時聳肩的姿態也會隨著張手和手掌朝上而來。演員常常用到這個姿勢，他們不只是表現情緒，即使在說話前，也能顯示出這個角色的開放個性。

(12) 解開外鈕釦者

這種人的內心真誠友善，他在陌生人面前表達這種思想時，最直接的動作便是解開外套的

鈕釦，甚至脫掉外套。在一個商業談判會議上，當談判對手開始脫掉外套，主管便可以知道雙方正在談論的某種協定有達成的可能。不管氣溫多麼高，當一個商人覺得問題尚未解決，或尚未達成協議時，他是不會脫掉外套的。那些一會兒解開鈕釦，一會兒又扣上鈕釦的人，做人較優柔寡斷，意志不堅定，猶豫不決。

⒀拍案擊節者

這有兩種情形。一種情形是，談話時，一個人以手在桌上叩擊出單調的節奏，或者用筆桿敲打桌面，同時腳跟在地板上打拍子，或抖動腳，或用腳尖輕拍，這種節奏並不中途停止，而是不斷嗒嗒作響，這些都是在告訴你他已經對你所講的話感到厭煩了。另外一種情形是，一個人在看書、讀報、看電視，尤其是看球賽之類突然拍案擊節，表示他對故事情節或運動員的某個動作表示讚賞。這種人性格樂觀，對煩惱不記掛於心。

7 飲酒的姿態

飲酒是很多人都很喜歡的事情，詩仙李白曾經有「將進酒，杯莫停」的豪言壯語，因此就有了「太白斗酒詩百篇」的傳說。

飲酒的是是非非，我們是一言難盡的，據說是有好處，也有壞處。李時珍在《本草綱目》

中曾經說過：「少飲酒提神，多飲酒傷身。」他這裡所說的「酒傷身」主要是說酒精中毒。研究證明，酒精進入人體之中，就會隨著血液進入大腦，從而使大腦受到傷害，大腦的功能就會發生紊亂。

心理學家和行為學家對人的握酒杯方式進行了長時間的研究，發現不同的握杯手法可以顯示出不同的內心世界和心理，而且有性別上的差異。

隨著血液中酒精濃度的增加，一個人會面紅耳赤，頭腦發昏，意識朦朧，言語不清——醉了。久而久之，人的身體就會受到損害。

可是在社交中，喝酒確實是一個比較重要的方式，所謂「無酒不成禮義」，所以有的人就大聲喧嚷「捨命陪君子」。透過喝酒，可以了解一個人的個性，或者把握一個人當時的心態。

在酒桌上，如果你仔細觀察，會發現每個人端酒杯的姿勢都不盡相同。從端酒杯的姿勢中你可以看到一個人的個性。

(1)用手掌托著杯子

總愛用手掌托著杯子的人大多活潑好動，邊喝邊滔滔不絕說話。這時候他們會完全忘記自己是在飲酒，他們的心思都集中在談話的內容和給對方的感受上，之所以喝口酒，只是為了滋潤一下乾渴的喉嚨。

（2）玩弄各種杯子

喝酒時喜歡玩弄各種杯子的人生活節奏很快，整日忙忙碌碌，表面上看是在飲酒，但心思早就不知道跑到哪裡去了，所以這份漫不經心轉移到杯子上，杯子成了他們的玩物。他們辦事往往不能集中全力，雖然工作占據了他們非常多的時間，但較大的成功通常和他們無緣。

（3）握住杯腳，食指前伸

握住高酒杯的腳，食指前伸，故意顯出高雅和與眾不同的人，大多比較貪婪。他們青睞有錢、有勢和有地位的人，他們的內心世界完完全全寫在了臉上，陰與晴預報出他們遇到了什麼樣的人。

（4）一隻手劃著杯沿

喝酒時一隻手緊握杯子，另一隻手則漫不經心劃著杯沿的人大多好動腦筋，勤於思考。這時候的他們把飲酒當成一種簡單的外在活動，酒的味道好壞與否根本無關緊要。有的人沉思時還常常用兩隻手抓住酒杯。

（5）抓牢酒杯

喝酒時喜歡緊緊抓住酒杯，拇指按住杯口的人，為的是將杯子拿得更牢，以便對方要求豪飲的時候一飲而盡。如果條件允許，這種人會來者不拒；要是對方有要求，他們也會不醉不

歸。在生活中，他們多少顯得有些愚蠢。

(6) 拇指用力頂住杯子的邊緣

喝酒時用力緊握杯子，拇指用力頂住杯子的邊緣的人比較聰明。他們會巧妙應付對方的敬酒，飲酒量能夠保持一定的限度。他們要是不想喝醉，就一定不會喝多，不管對方如何花言巧語，地位如何顯赫。

(7) 捂住杯口

喝酒時緊捂住杯口，好像是要掩飾住自己的真情實感似的人比較虛偽。這種人從不輕易在他人面前暴露自己，他們覺得引人注目往往會使生活不得寧靜。他們害怕別人看他們的目光會和他們所希望的不一致，那是非常丟臉的事。

第四章　聞聲聽音，一分鐘讀懂他人心

《禮記．樂記》云：「凡音之起，由人心生也……。」這顯示人的聲音隨著內心世界的變化而變化。「心氣之征，則聲變是也。」所以，聞聲知人是看透他人心靈的妙招之一。

1　談話：個性的直接表達

談話──在我們的生活中是一項不可缺少的重要內容，任何一件事物都可以成為我們談論的話題。在談話中，雖然談話者不是非常直觀說出自己、透露出自己，但隨著談話的進行，談話者會在不知不覺、有意無意當中暴露出內心的祕密。

一個常常談論自己，包括曾有的經歷、自我的個性、對外界一些事物的看法、態度和意見等等，一般來說，這樣的人多比較外向，感情色彩鮮明而且強烈，主觀意識較濃厚，愛表現和公開自己，多少有點虛榮。

與此相反，如果一個人不經常談論自己，則顯示這個人的性格比較內向，感情色彩不鮮明也不強烈，主觀意識比較淡薄，不太愛表現和公開自己，比較保守，多少有自卑心理。另外這種人可能有很深的城府。

如果一個人在敘述某一件事情的時候，只是單純敘述，不加入過多的自我感情色彩，而是將自己置於事外，則顯示這個人比較客觀、理智，情感比較沉著和穩定，不會有過激行為。

相反，一個人在敘述某一件事的時候，自我感情非常豐富，特別注意個別細節，則說明這個人感情比較細膩，會一觸即發。

如果一個人在說話時習慣於進行因果和邏輯關係的推理，給予一定的判斷和評價，說明這個人有很強的邏輯思維能力，比較客觀和注重實際，自信心和主觀意識比較強，常會將自己的思想觀點強加於他人身上。

如果一個人的談話屬於概括型的，非常簡單，但又準確到位，注重結果而不太關心某個細節過程，平時關心的也是整體的大問題，則顯示出這個人具有一定的管理和領導才能，獨立性較強。

如果一個人談話非常注重過程中的某個具體細節問題，對局部的關心要多於對整體的注意，則顯示這個人適合於從事某項比較具體的工作。這一類型的人支配他人的欲望不是特別強烈，可能會順從於他人的領導。

如果一個人不論談論什麼話題，都會不自覺將金錢扯入話題中。

「這套房子真豪華啊！」

「是嗎？那你想它大概值多少錢？」

「今天的結婚典禮，你覺得如何？」

「以這種菜色來說，一桌兩萬元似乎太貴了一點吧！」

這種類型的人，往往缺乏夢想，令其人格發展不十分健全。因為太過於傾向現實主義，只知道賺大錢是自己人生唯一的夢想，因此對於一般人會有何種夢想，根本漠不關心。

令人感到意外的是，這種超級現實主義的人，其內心也隱隱潛伏著不安全感。在他們的觀念中「金錢便是全世界」，反過來說，「若沒有金錢，便無法生存下去」、「沒有錢的人，也就失去了生存的價值」，只要他們身邊一沒有錢，他們就會感到十分惶恐與不安，而且自己會有一種被拋棄的感覺。他們更不敢去想像，當自己身無分文、一文不名時，還有什麼東西會留在自己的身邊。

由此可知，眼中只看得到金錢的人，內心其實是十分缺乏安全感的。受到不安全感的驅使，即使累積再多的財富，他還是不能滿足，所以這種人同時也是快樂不起來的人。一個人談論的內容多傾向於生活中的瑣事，顯示他是屬於安樂型的人，注重享受生活的舒適和安逸。

一個人如果經常談論國家大事，顯示他的視野和目光比較開闊，而不是局限在某一個小圈子裡。

一個人如果喜歡暢想將來，則顯示他是一個愛幻想的人，這種人有的能將幻想付諸行動，有的卻不能。前者注重計畫和發展，實實在在去做，很可能會取得一番成就。但後者只是停留在口頭說說而已，最終多會一事無成。

在談話時，比較注重自然現象，那麼這個人的生活一定很有規律，為人處世也非常小心和謹慎。

經常談論各種現象和人際關係的人，可能自己在這一方面頗有心得。

不願意對人指手畫腳、進行評論的人，偶爾在不得已的時候發表自己的看法，當面與背後的言辭也多會基本保持一致，這說明這個人是非常正直和真誠的。

對他人的評價表面一套，背地一套，當面奉承表揚，背後謾罵、詆毀，顯示這個人是極度虛偽的。

有些人不斷指責他人的缺點和過失，目的是透過對比來證明和表現自己。

有些人在談話中總是把話題扯得很遠，或者不斷轉變話題，顯示他思想不夠集中，而且缺少必要的寬容、尊重、體諒和忍耐。

2 從所說的資訊當中感知

在絕大多數情況下，我們個人內心深處的情感，對外界一些事物的看法、意見及認知，都是透過說話的方式傳達出去的。當他人接收到我們傳達的資訊，以此為憑據，進行分析、思

考、總結和歸納，就可以知道我們是怎樣一個人。

（1）喜歡誇耀自己的人

這種人比較任性，只要是自己想要做的事，就不去考慮會不會影響到別人。愛慕虛榮，情緒極不穩定。表面上看起來信心十足，其實骨子裡非常自卑。這樣的人，性格上可能有歇斯底里的傾向。

（2）誇誇其談的人

這種人侃侃而談，考慮問題喜歡從大處著眼，不拘小節，往往在侃侃而談中產生奇思妙想，能提出很有建設性的想法。但是，他們思考問題缺乏系統性和條理性，一旦面對實質性的問題，常常會不知所措。如果他們能仔細一點，不斷增加自己的知識和修養，會成為非常優秀的人才。

（3）談吐清晰、口齒伶俐的人

與誇誇其談的人不同，這類人只要開口，屬於能言善辯，才思敏捷型。在為人處世方面，這類人通常屬於兩種不同的極端。一種是依仗著自己口齒伶俐，處處搶別人的風頭，表現自己，而不把他人放在眼裡。即使是自己沒理的事情，也非要爭個你死我活，如果得理則更是不饒人。這種為人處世的方法，自然不受大家的歡迎。

另一種則完全不同，他們雖然也依靠自己的伶牙俐齒，但說出的話有理有據，不容辯駁。他們經常依靠自己的能言善辯為他人化解矛盾，擁有非常好的人緣。

(4) 專門唱反調的人

這種人往往個性陰沉，喜歡強詞奪理，常常以偏概全。他們即使知道自己的觀點和做法是錯誤的，也絕不會承認，而是為自己尋找各式各樣的藉口，直到取得「勝利」才善罷甘休。這類人言辭尖銳，說話一針見血，從不給對方留餘地。由於他們總喜歡對他人的弱點進行攻擊，樹敵很多，所以人生的道路不是十分平坦。

(5) 善於恭敬奉承他人的人

這種人圓滑世故，老謀深算，因此有著非常不錯的人際關係網。這類人非常精明，洞察力敏銳，能夠準確捕捉他人的心理，然後投其所好。性格彈性比較大，適應環境的能力和應變能力極強，經常在向他人妥協的過程中實現自己的主張。如果他們過分使用敬語，則不見得真正尊敬對方，可能對對方含有嫉妒、敵意，或者輕蔑對方；同時這也顯示，此人有著很強的防禦心理，不會輕易相信他人。

(6) 頻頻向別人說好話的人

這種人與善於恭維別人的人不一樣，他們無法控制局面，顯得處處被動。這種人有很強的

自卑感，在與人交往的過程中，違心的讚美和強裝的笑臉，以此來掩飾自己的不利處境。

(7) 說話簡潔明瞭的人

這種人話不多，但是每句話都很精練，點到要害。這種人性格開朗、達觀，具有較高的文化修養。行動能力強，辦事乾淨利索，能拿得起放得下，從不拖泥帶水。富有冒險和開拓精神，有敢為天下先的膽量。

(8) 說話拖拖拉拉、不著要點的人

這種人膽子小，性格軟弱，缺乏責任心，具有較強的嫉妒心。這類人做事跟說話一樣拖泥帶水，再加上心胸狹窄，所以他們的大部分精力都浪費在一些雞毛蒜皮的小事上。這類人儘管對現實有諸多不滿，但因為缺乏冒險精神，總是習慣於坐享其成，所以無法成就大事。

(9) 在公共和團體場合能夠主動講話的人

這種人性格多比較外向，有較強的自信心，同時具有坦陳自己想法，表現自己，試圖影響他人的勇氣和魄力。

(10) 總是處於被動地位，呆在角落裡不愛講話的人

一般來說，性格多比較內向，同時缺乏自信。當然，也有的是比較沉著和老練，希望從別人的談話中聽取好的意見，為自己所用，來完善自己。在與人談話中喜歡爭論和辯論的人，多

是開放型的，他們有摒棄舊觀念、舊思想的勇氣和膽量，對新事物、新資訊的接收能力比較強，有競爭和攻擊性心理，好勝心切，有時候會顯得自大自負。

⑾在與人談話中不喜歡爭論和辯論的人

相對來說則較封閉和保守，接受新鮮事物的速度比較慢，競爭和攻擊性弱，性情溫和，喜愛平淡，不太熱衷於爭名奪利。

⑿在談話中喜歡糾正別人錯誤的人

多較主動、自信，但由於他們的性格比較直率，會忽略他人的感受。打斷別人的談話而變成自我發揮，往往會傷害到別人，所以人際關係從某種程度來說並不是很好。

⒀在談話時不糾正別人錯誤，而等到談話結束以後指出來的人

此種人顯得謙讓、有禮貌，能夠站在他人的立場上為對方著想，並給予足夠的尊重，從而也會獲得他人的認同和好感。

3 從說話方式中把握心理

語言在人們的日常生活中起著舉足輕重的作用，幾乎每一個人都離不開語言，都要說話，但為什麼同樣的一句話從不同的人嘴裡說出來，會產生不同的效果呢？其關鍵是因為說話者的說話方式不同。細心的人可以從一個人的說話方式中把握他的心理活動。

（1）提高聲調大聲說話的人

哪怕只有極少數人在場，他們也會不遺餘力高談闊論，彷彿演講和作報告似的。這類人性格多是比較粗獷和豪爽的，他們脾氣暴躁、易怒，容易激動；他們為人耿直、真誠、熱情，說話非常直接，有什麼就說什麼，從來不會拐彎抹角繞圈子。這一類型的人多容不得自己受一點點委屈，他們會據理力爭，一直到弄出個水落石出為止。他們有時會充當急先鋒，起召喚、鼓動的作用，但有時候也會在不知不覺當中被他人利用，自己卻渾然不知。

（2）說話輕聲小氣的人

這類人在為人處世各方面多比較小心和謹慎，他們具有一定的文化修養，說話措辭非常文雅而又顯得謙恭。他們對他人一般情況下都相當尊重，所以反過來他們也會得到他人的尊重。他們對人比較寬容，從不刻意為難、責怪他人，而是採用各種方式不斷縮短與他人之間的距離，密切彼此之間的關係，盡量避免一些不必要的麻煩產生。

（3）義正言直的人

這種人言辭之間表現出義正言直、不屈不撓的精神，他們公正無私，原則性強，是非分明，立場堅定。缺點是處理問題不善變通，為原則所驅而顯得非常固執。他們能主持公道，往往受人尊崇，不苟言笑而讓人敬畏。

（4）抓住弱點攻擊對方的人

這種人言辭鋒利，抓住對方弱點就嚴厲反擊，不給對方機會。他們分析問題透澈，看問題往往一針見血，甚至有些尖刻。由於致力於尋找、攻擊對方弱點，有可能忽略了從整體上把握問題的實質與關鍵，甚至捨本逐末，陷入偏執的死胡同中而不能自拔。在用人時，應考慮他在「大事不糊塗」方面有幾成火候，如大局觀良好，就是難得的粗中有細的優秀人才種子。

（5）速度快、辭令豐富的人

這種人知識豐富，言辭激烈而尖銳，對人情世故理解得深刻而精到，但由於人情世故的複雜性，又可能形成模糊混沌的思想。這種人做力所能及的工作完全可以讓人放心，一旦超出能力範圍就顯得慌亂，無所適從。他們接受新生事物的能力強，反應也快。

(6) 似乎什麼都懂的人

這種人知識面廣，隨意漫談也能旁徵博引，各門各類都可指點一二，顯得知識淵博，學問高深。缺點是腦子裡裝的東西太多，系統性差，思想性不夠，一旦面對問題可能抓不住要領。這種人做事往往能生出幾十個創意，但都打不到重點上；如能增強分析問題的深刻性，做到博雜而精深，直接把握實質，往往會成為優秀的、博而且精的全才。

(7) 說話唉聲嘆氣的人

這類人多有比較強的自卑心理，心理承受能力比較差，在挫折困難面前，或是遭遇到失敗時，就會喪失信心，顯得沮喪頹廢，甚至是一蹶不振，沒有了再站起來的勇氣。這一類型的人從來不善於在自己身上尋找失敗的原因，而總是不斷找各種客觀的理由和藉口為自己開脫，然後安慰自己，以使一切都變得自然而然。他們時常哀嘆自己的不幸，卻以他人更大的不幸來平衡自己。

4　細心觀察，瞬間識別謊言

為了某種需求，或者有難言之隱時，人們時常隱瞞自己真正的想法，而出現口是心非、表裡不一的行為，這就是謊言，它是我們認識一個人的障礙。不過，只要我們時刻留心觀察，同

樣可以瞬間識破謊言。

美國加州大學心理學教授埃克曼在他的《鑑別說謊》一書中這樣寫道：「破謊術是一門任何人都能學會的技巧。因為在撒謊期間，多數人不知不覺洩露出大量的資訊。判斷真實與否，是密切注意說話者的面部、軀體、聲音所發出的訊號。說謊者通常是不能控制、支配、掩飾自己所有行動的。」

那究竟何謂謊言呢？讓我們從各方面來舉例加以說明：

「啊！這個小女孩很漂亮喲！」——好難看的小女孩。

「我經常來你們這買東西，難道就不能便宜一點嗎？」——實際上是第一次上門而已。

「我發誓我非常愛妳。」——其實，心裡正在想著別的女人。

「今天晚上我值班，不能回家了，你自己吃飯吧。」——事實上是和朋友喝酒去了。

「你人很聰明，我相信，只要你肯努力，就一定會成功的。」——他已經愚蠢到不可救藥的地步。

「你要是再哭的話，老虎就會把你吃掉。」——嚇唬小孩。

「親愛的！天地良心，我對你說的可都是肺腑之言，你若不信，我就立刻……。」——鬼話連篇、口是心非。

「媽媽！我去同學家了，和他們一起複習功課。」——其實是跑出門和同學逛街去了。

當然，有些謊言是善意的謊話，那是必須的，是為了勉勵、安慰別人而一定要說的，比如對於癌症患者。

那我們怎樣才能瞬間識破說謊者的謊言呢？下面教你幾種識別謊言的具體方法：

(1)要留意說謊者的慣用伎倆。

(2)要留意說謊者的驚訝表情。

(3)面部表情是不對稱的。

(4)從反面識破對方。

(5)講話中常發生口誤和中斷現象。

(6)以試探方法去識破對方。

(7)換位思考，站在對方的立場來分析對方。

(8)說謊者的音調會突然提高。

認識對方內心的方法，跟識破謊言者的方法在一定程度上有某種連帶的關係，所以多多少少會有些重複的說法。為此，我們現在就針對「要如何去識破對方的謊話，迫使其說真話」來加以探究。

（1）使說謊者解除心中的「武裝」

試圖說謊和正在說謊的人，他們的心裡一定會先武裝起來，就像閉得緊緊的河蚌一樣，你越急著把它打開，它反而閉得越緊。如果你暫時不去理會它，它就會解除心中的武裝，一會兒它自然就打開了。正所謂「欲速則不達」，所以這個時候不要和他正面衝突，我們應該在對方有些動搖的時候，找出對方的弱點，運用循循善誘的方法使對方信賴你，讓他有一種安全感。也就是說，我們要運用技巧，使對方因為你的影響而把實話完全吐露出來。

（2）使對方反覆做出同樣的事

謊話只能說一次，如果經過兩次、三次的重複，或多或少就會露出馬腳。我們在日常生活中，常會發現這樣的現象。例如：同事打電話來說：「對不起，我家今天來客人了，不能去上班了，麻煩你幫我向主管請個假，謝謝！回頭請你吃飯。」等過了幾天以後，你可以不經意問他：「前幾天你為什麼要請假呢？請假可是要扣全勤獎的喲！」這時他可能會說：「沒辦法呀，我家寶寶得了急病！」由此，我們就很容易判斷了，不是嗎？

（3）要有效利用證據

迫使說謊者說出實話，最有效的方法就是拿出有效的物證，它是識破謊言最好的方法，也是最有力的武器。因為不論對方多麼的巧舌如簧，只要我們有確鑿的證據，他就不得不俯首

承認了。

上述方法，到底運用哪一種方法比較好呢？當然，這要看對方的情況而定了。有時不能只用一種方法，必須綜合運用多種方法才能收到良好的效果。

5 聽其聲，辨其人

古人講，心動為性——「神」和「氣」——性發成聲。意思是講，聲音的產生依靠自然之氣（空氣），也與內在的「性」密不可分。聲音又與說話者當下的心理活動密切相關，大小、輕重、緩急、長短、清濁都有變化，這與人的特性也是息息相關的，這就是聞聲辨人的基礎。

鄭子產一次外出巡察，突然聽到山那邊傳來婦女的悲慟哭聲。隨從們面視鄭子產，等候他的命令，準備救助，不料鄭子產卻命令他們立刻拘捕那名女子。隨從不敢多言，遵令而行，逮捕了那位女子，當時她正在丈夫新墳前面哀哭亡夫。人生有三大悲：少年喪父、中年喪夫、老年喪子，可見該女子的可憐。以鄭子產的英明，不會對此婦動粗，其中緣由，是因為鄭子產的聞聲辨人之術也。鄭子產解釋說，那婦人的哭聲，沒有哀慟之情，反蓄恐懼之意，故疑其中有詐。審問的結果，果然是婦女與人通姦，謀害親夫之故。

鄭子產聞聲辨人的技巧已是很高明。但孔子也深諳此道，且似乎比鄭子產還高出一籌。雖

然孔子講過「以貌取人，失之子羽；以言取人，失之宰予。」但他憑外貌聲色取人的工夫，卻同樣不失水準。

孔子在返還齊國的途中，聽到非常哀切的哭聲，他對左右講：「此哭哀則哀矣，然非哀者之哀也。」碰到那個哀哭的人之後，才知道他叫丘吾子，又問其痛哭的原因，丘吾子說：「我少年時喜歡學習，周遊天下，竟不能為父母雙親送終，這是一大過失。我為齊國臣子多年，齊君驕橫奢侈，失天下人心，我多次勸諫不能成功，這是第二大過失。我生平交友無數，深情厚誼，不料後來都絕交了，這是第三大過失。我為人子不孝，為人臣不忠，為人友不誠，還有何顏立在世上？」說完便投水而死。丘吾子的三悔痛哭，是今天社會中再難重現的古士高風，而孔子能聽音辨人心事，亦非常人之資賦也，所以流傳後世。

由聲音來辨別一個人的心事，還可由聲音判斷一個人的心胸、職業、志向等情況。心胸寬廣、志向遠大的人，聲音有平扭亡遠之志，而且聲清氣壯，有雄渾沉重之勢。身短聲雄的人，自然不可小視。從身材來看，身高的，由於丹田距聲帶、共鳴腔遠，氣息衝擊的距離加長，力量弱化，因此聲音顯得細弱，振盪輕；身矮的，往往聲氣十足，因為距離短，氣息衝擊力大，聲帶與共鳴腔易於打開。但受過發聲練習的人，又當別論。

人的聲音各有不同：有的洪亮，有的沙啞，有的尖細，有的粗重。有的薄如金屬之音，有

的厚重如皮鼓之聲，有的清脆如玉珠落盤，字正腔圓。有的身材矮小，聲音卻非常宏亮，有的高大魁梧，說話卻細聲細氣，有氣無力。古人正是對這些情況加以歸納總結，得出了以聲辨人的規律。

現代生理學和物理學已經證明，聲音的生理基礎由肺、氣管、喉頭、聲帶，口腔、鼻腔三大部分構成，聲音發生的動力是肺，肺決定氣流量的大小，音量的大小主要由喉頭和聲帶構成的顫動體系決定，音色主要取決於由口腔和鼻腔構成的共鳴器系統。聲音是物體震動空氣而形成的，聲音是人的聽覺器官——耳的感覺。聲音的音量有大小之分，音色的美醜之別，另有音高、音長之分。

人類的聲音，由於健康狀況的不同，生存環境的不同，先天秉賦的不同，後天修養的不同而不同，所以發出的聲音才會洪亮悅耳，中氣十足。沒有經過發聲練習的人，聲音不圓潤，沙啞，也不高亢洪亮，因此歌聲如擊敗革，或者是蒼白無力。唱歌時所用的腹部之氣，相當於丹田之氣。用腹腰肌肉緊迫腹中氣流，爆破式衝擊聲帶和共鳴腔，發出的聲音就有洪亮悅耳的效果，但引領氣息衝擊共鳴腔是有訣竅和技巧的。

丹田的氣充沛，因此聲音沉雄厚重，韻致遠響，這是腎水充沛的徵象，由此可知其人身體健壯，能勝福貴。同時，丹田之氣衝擊聲帶而來的聲音洪亮悅耳，柔致有情，甜潤婉轉，給人舒服渾厚的美感。

發於喉頭、止於舌齒之間的根基淺薄的聲音，給人虛弱衰頹之感，顯得中氣不足，這也是一個人精神不振、身體虛弱、自信心不足的表現。

以聲音來判斷人的心性才能，尚有許多未知的空白，而且可信度有多高，也尚無定論，但其中的奧妙，是值得研究的。其基本原則並不只是悅耳動聽、洪亮高亢。

《禮記．樂記》云：「凡音之起，由人心生也。人心之動，物使之然也。感於物而動，故形於聲。聲相應，故生變。」對於一種事物由感而生，必然表現在聲音上。人的聲音隨著內心世界的變化而變化，所以說「心氣之征，則聲變是也」。

聲音不但與氣能結合，也和心情相呼應。因為聲音會隨內心變化而變化，所以：

內心平靜聲音也就平和；

內心清順暢達時，就會有清亮和暢聲音；

內心漸趨興盛之時，就有言語偏激之聲。

這樣不就可以從一個人的聲音判斷一個人的內心世界嗎？相關這方面的知識，《逸周書．視聽篇》講到的四點值得研究：內心不誠實的人，說話支支吾吾，這是心虛的表現；

內心誠信的人，說話聲音清脆而且節奏分明，這是坦然的表現；

內心卑鄙乖張的人，心懷鬼胎，因此聲音陰陽怪氣，非常刺耳；內心寬宏柔和的人，說話聲音溫柔和緩，如細水長流，不緊不慢。

現代心理學也認為，不同的聲音會給人不同的感受，常見的有以下幾種類型：

（1）音低而粗。這類人較有作為，較現實，或許也可以說是比較成熟瀟灑，較有適應力。

（2）聲音洪亮。此類人精力充沛，具有藝術家氣質，有榮譽感，有情趣、熱情。

（3）講話的速度快。此類人朝氣蓬勃，活力十足，性格外向。

（4）外帶語尾音。這類型的人，精神高昂，有點陰柔，具有藝術家的氣質。

以上這四種類型的聲音，不論在交易或說服的工作上，都具有較為正向的作用。同樣也有產生負面作用的聲音。

（1）鼻音。大部分人都不喜歡這種聲音。

（2）語音平板。給人不認真、沉默或內向冷漠的印象。

（3）使人產生緊張壓迫的聲音。這類人很自傲，喜以武力解決事情。

當然，這也不能一概而論，什麼聲音好，也與談話的地點、對象、內容有直接的關係。

6 「口頭禪」：窺見一個人的內心世界

口頭禪是人在日常生活當中由於習慣而逐漸形成的，具有鮮明的個人特色。在生活當中，絕大多數人都有使用口頭禪的習慣，透過它可以對一個人進行觀察和了解。

口頭禪是人們在面對意外，或為突出當時的情緒所說出的話語，簡潔明快，所以幾乎所有的人都有口頭禪。通常一個人有一個口頭禪，但也有的人有好幾個。這些語言習慣最能表現說話人的真實心理和個性特點，所以只要留心，就可以從一個人的「口頭禪」中窺見一個人的內心世界。這就是俗話所說「聞其言可知其人」的道理。因此我們可以從某個人說話時所使用的詞語來判斷一個人的心理狀態。

一般來說，經常連續使用「果然」的人，多自以為是，強調個人主張，以自我為中心的傾向比較強烈。經常使用「其實」的人，自我表現欲望強烈，希望能引起別人的注意。他們大多比較任性和倔強，並且多少還有點自負。

經常使用流行詞彙的人，熱衷於隨大流，喜歡浮誇，缺少個人主見和獨立性。

經常在中文裡摻雜外語的人，虛榮心強，愛賣弄和誇耀自己。

經常使用「這個……」、「那個……」、「啊……」的人，說話辦事都比較小心謹慎，一般情況下不會招惹是非，是個好好先生。

經常使用「最後怎麼樣怎麼樣」之類詞彙的人，大多是潛在欲望未能得到滿足。

經常使用「確實如此」的人，多淺薄無知，自己卻渾然不覺，還常常自以為是。

經常使用「我……」之類詞彙的人，不是軟弱無能想得到他人的幫助，就是虛榮浮誇，尋找各種機會強調自己，以引起他人的注意。應該指出的是，經常把「我」字掛在嘴巴上的人，並非要把自己的觀點強加於人，而只是比較天真的表現，企圖強化自己的存在。與這樣的人交往，一般來說是比較安全的。如果自己有這種習慣，就應該鍛鍊自己個性，使自己很快成熟起來。

經常使用「真的」之類強調詞彙的人，多缺乏自信，唯恐自己所言之事的可信度不高。可恰恰是這樣，結果往往會起到欲蓋彌彰的作用。

經常使用「你應該……」、「你不能……」、「你必須……」等命令式詞語的人，多專制、固執、驕橫，但對自己卻充滿了自信，有強烈的領導欲望。

經常使用「我個人的想法是……」、「是不是……」、「能不能……」之類詞彙的人，一般較和藹親切，待人接物時也能做到客觀理智，冷靜思考、認真分析，然後做出正確的判斷和決定。不獨斷專行，能夠給予他人足夠的尊重，反過來也會得到他人的尊重和愛戴。

經常使用「我要……」、「我想……」、「我不知道……」的人，多思想比較單純，愛意氣用

事，情緒不是特別穩定，有點讓人捉摸不定。

經常使用「絕對」這個詞語的人，武斷的性格顯而易見，他們不是太缺乏自知之明，就是自知之明太強烈了。心理學研究顯示，這種人往往比較主觀，而且常常是以自我為中心的，他們的很多想法是不合乎實際情況的，所以在一般情況下，這種人是難以成就大事的。這種喜歡說「絕對」的人，大多有一種自愛的傾向，有時他們的「絕對」被人駁倒之後，為了隱瞞自己內心的不安，總要找一些理由來加以解釋，總想讓自己的東西被人接受。其實，不僅別人不相信他們的「絕對」，他們自己也不相信這樣的「絕對」，只不過是為了維護自己的尊嚴而強撐著。

經常使用「我早就知道了」的人，有表現自己的強烈欲望，只能自己是主角，自己發揮。但對他人卻缺少耐性，很難做一個合格的聽眾。

常說「所以說」的人，最大的特點是喜歡以聰明者自居，自以為是。他們認為自己所說的話具有絕對的權威性，並有鄙視他人的心理。說話完全不顧及對方的心情，因此對方常會因為他們這種隨意踐踏他人的態度而受到傷害。但是如果多了解他們一點，你就知道其實要和這類型的人相處並不困難。因為他們非常希望得到他人的認同，渴望自己在他人心目中的形象是「見識廣博，什麼都懂」，所以如果想和他們友好相處，只要在這一點上多忍耐擔待一些

就行了。

嘴邊常掛著「對啊」的人會算計。他們不是屬於自我意識強烈的類型，個性表現上也不強烈，更不會勉強別人照著自己的步調走。他們比較能體會別人的心情，不會硬要別人凡事都必須順著自己的意思來做。實際上，他們並非發自內心謙虛認為別人說的話都是正確的，他們之所以常常將「對啊」這句話掛在嘴邊，是因為這樣比較容易和別人相處融洽，使自己的人際關係更加圓融、順利而已。一般而言，這類型的人認為，在允許的範圍之內，一些無傷大雅、不影響大局的小事，可以盡可能配合他人的步調，無須事事斤斤計較，而引起不必要的摩擦。這樣不僅可以營造和諧的氣氛，而且自己也會成為受歡迎的人物。比起老是用對他人品頭論足、憤世嫉俗的態度與人相處，這種可是簡單快樂多了。

另外，口頭禪經常掛在嘴邊的人，大多辦事不幹練，缺乏堅強的意志。有些人，說話時沒有口頭禪，這並不代表他們從未有過，可能以前有，但後來逐漸改掉了，這顯示出一個人意志力的堅強和追求說話簡潔、流暢的精神。

若想透過口頭禪觀察、了解和判斷一個人的性格如何，就需要在生活和與人交往中仔細、認真揣摩、分析，這樣，才會收到良好的效果。

7　不一樣的人，不一樣的說

同樣一句話從不同的人嘴裡說出來，會產生不同的效果，原因何在？是說話者的說話方式不同而已。說話方式的不同透露著一個人不同的心理與性格，細心的人就可以從一個人的說話方式中去讀透他的心理。

對事情發展的預測很準的人，他們並非是真正的料事如神，有先見之明，只是較其他人善於對事物進行仔細入微的觀察和思考。這種習慣會形成相當強的分析能力，然後綜合各種資訊，對各種事物進行預測和估計。這一類型的人在絕大多數時候都能領先於他人一步。

能說會道者多思維比較敏捷，反應速度快，隨機應變能力強。他們健談，善於向他人講大道理，顯示自己的聖明。這一類型的人圓滑世故，處理各種問題相當老練，他們在絕大多數時候會很招他人喜歡，所以人際關係會很不錯。

善於傾聽者，多是一個富有自己獨特的思想、縝密的思維，而又謙虛有禮、性情溫和的人。他們可能並不太引起他人的注意，但透過一段時間的交往，一定會得到他人的尊重和依賴，他們虛心好學，善於思考，是值得信任的人。

在說話中常帶奇思妙語者，他們大多比較聰明和智慧，具有一定的幽默感，比較風趣，而且隨機應變能力強，常會給他人帶去歡聲笑語，很討他人的喜歡。

在談話中轉守為攻者，多心思縝密，遇事能夠沉著冷靜面對，隨機應變能力強，能夠根據形勢適時調節自己。他們做事穩重，從不做沒有把握的事情，總是首先保證自己不處於劣勢，然後再追求進一步的成功。

能夠根據談話的進度，適時改變自己的人，頭腦靈活，能夠在很短的時間內正確分析自己的處境，然後尋找適當的方法得以解脫。

在談話中能夠運用妙語反詰者，不僅會說，而且更會聽，當形勢對自己不利時，能夠抓住各種機會去反擊，從而使自己處於主動地位。

在談話中能夠以充分的論據論證說服對方的人，多是非常優秀的外交型人才。他們透過自己獨特的洞察力，往往能夠對他人有非常清楚的了解，然後使自己占據主動地位，使對方完全根據自己的思路走，以贏得最後的勝利。

談吐非常幽默的人，多感覺靈敏，心理健康，胸襟豁達，他們做事很少死板的遵循一些規則，甚至完全是不拘一格。他們非常圓滑、靈通，顯得聰明、活潑，有許多人都願意與他們交往，他們會有很多的朋友。

在談話中，經常說一些滑稽搞笑的話以活躍氣氛的人，待人多比較熱情和親切，而且富有同情心，能夠顧及到他人。

自嘲是談話的最高境界，善於自我解嘲的人大多比較豁達、樂觀、超脫，具有調侃的心態和胸懷。

在談話中善於旁敲側擊的人多能夠聽出一些弦外之音，又較圓滑和世故，常做到一語雙關。

在談話中軟磨硬泡的人，多有較頑強的性格，有一股不達目的誓不甘休的精神，一直等到對方實在沒有辦法，不得不答應才罷手。

在談話中濫竽充數的人，多膽小怕事，遇事推卸責任，凡事只求安穩太平，沒有什麼野心。

避實就虛者，常會製造一些假象去欺騙、糊弄他人，一旦被揭穿，又尋找一些小伎倆以逃避、敷衍過去。

固執己見者從來聽不進他人的意見和建議，哪怕他人正確而自己是錯誤的。

8　語速：反映出一個人的內心世界

在說話方式的特徵中，首推速度。語速快的人，大都能言善辯；語速慢的人，則較為木訥。這是每個人固有的特徵，依人的性格與氣質而有所差異，不過，在心理學中，所要注意

的，便是如何從與平時相異的言談方式中了解對方心理。平日能言善辯的人，有時候忽然結結巴巴說不出話來；相反的，平時木訥講話不得要領的人，卻突然滔滔不絕高談闊論。遇到這種情況，我們應小心，必定發生了什麼問題，應仔細觀察，以防意外。

言談的速度是了解對方心理的關鍵。大體而言，當言談速度比平常緩慢時，表示不滿對方，或對對方懷有敵意；相反的，當言談的速度比平常快速時，表示自己有短處或缺點，心裡愧疚，言談內容有虛假。

從心理學的角度看，當一個人的內心有不安或恐懼情緒時，言談速度便會變快。企圖憑藉快速講述不必要的多餘事情，試圖排解隱藏於內心深處的不安與恐懼。但是，由於沒有充分的時間讓他冷靜反省自己，因此，所談話題內容空洞，遇到敏感的人，便不難窺知其心理的不安狀態。

語速主要指說話的快慢，也就是上文所說的韻律或節奏問題。語速與心理活動關聯密切，一般來說，當人比較懈怠或安逸時，語速較緩；當人情緒波動較大時，語速就會明顯加快。人們的說話速度和語氣透露出他們的真實性格，透過觀察對方的說話速度和語氣，我們可以將他們看得更透澈。

（1）說話速度快的人多性格外向，有青春活力，朝氣蓬勃，總給人一種陽光般的感覺。

（2）說話速度太快的人，會給人一種非常緊張、迫切，發生了非常重大的、緊急的事情的感覺，同時也會讓人覺得焦躁、混亂以及些許粗魯。

（3）說話緩慢的人，會給人一種誠實、誠懇、深思熟慮的感覺，但也會顯得猶豫不決、漫不經心，甚至是悲觀消極。他們大都是性格沉穩之人，處事做人是通常所說的慢性子。

（4）說話速度較平常緩慢的人，對所談論的話題或對談話者有很多的不滿，甚至還包含敵意，他們的談話往往得不到滿意的結果或解決不了實際問題。這類人此時心中存有自卑感，或者根本就是在說謊，期望藉用這種方式掩飾自己的言不由衷，但這種掩飾卻欲蓋彌彰，恰好暴露了他們的真實想法。

（5）語速反常的人，這種人平時少言寡語、慢條斯理，突然之間誇誇其談、口若懸河，說明他們在內心深處有不願意被他人察知的祕密，想用快言快語作為掩飾，轉移他人的注意力。或許他們還有讓對方了解的願望，倉促之間不知道該如何表達，所以在語速上出現了反常。

（6）由自信決定語速的人。自信的人多用肯定語氣與別人進行對話；而沒有自信心和怯懦的人，說話的節奏緩慢，多半慢慢吞吞，好像沒有吃飯似的沒有力氣。喜歡低聲

說話的人，可能較缺乏自信。

（7）喜歡用含糊不清的語氣和詞語結束話題的人，非常膽小怕事，大多神經質，明哲保身，需要承擔責任時常常推託搪塞。比如說「這只是個人的看法」、「不能以偏概全」、「從某種意義上講」或「在某種形勢下」等等。

（8）說話輕聲細語的人，這種人生性小心謹慎，具有一定的文化修養，措辭嚴謹適當，而且謙恭有禮。他們對人很有禮貌，別人也會尊重他們；胸襟寬闊，能夠包容他人的缺點和錯誤；對人也很客氣，不輕易責怪與怨恨他人；注重交往，能夠主動與周圍的人拉近距離。

（9）經常滔滔不絕、談個不休的人，一方面目中無人，另一方面好表現自己。這種類型的人，一般性格外向。當話題冗長、需相當時間才能告一段落時，談論者心中必潛在著唯恐被打斷話題的不安，唯有這種人，才會以盛氣凌人的方式談個不休。至於希望盡快結束話題交談的人，也有害怕受到反駁的心理，所以試圖給予對方沒有結果的錯覺。

（10）講話時竊竊私語，或者彷彿耳語一般小聲囁嚅，以及聲音不知不覺中變小者，一般是屬於內向型的人。內向型的人往往會在無意識之中跟對方保持一定的距離，而且

還會採取內閉式的姿勢。他們對別人的戒心非常強烈，而且認為不必讓對方知道多餘的事情。正因為如此，他們連自己應該說的話也懶得說出來，一心想「隱藏」自己，聲音當然就會變成囁嚅了。這種情況不僅是在一對一的聊天時如此，在會議上的發言亦如此，因為他們並不想積極說出自己的想法，欲言又止，變成了喃喃自語似的，聲音很小，又很緩慢。說話時，往往不是明確而直截了當說出來，總是喜歡繞著圈子，使聽的人感到焦躁不安。這種人即使是對於詢問也不會做明確的答覆，態度優柔寡斷，給人一種索然無味的感覺。

這種人對別人的戒備心理固然很強烈，但是內心幾乎都很溫和，為了使自己的發言不傷害到別人，總是經過慎重的考慮之後再說話，同時又擔心自己發表的意見將造成自己跟他人的對立。因為膽怯又容易受到傷害，而且過度害怕錯誤以及失敗，只好以較微弱的聲音娓娓而談。也許他們認為這種說話方式最安全。不過，對於能夠推心置腹的親友以及家屬就不一樣了。對於這一類特別親近的人，他們都會解除戒心，彼此間的距離也被拉近了，因此能夠以爽朗的大嗓門以及毫不掩飾的態度跟對方交談，能夠很自然露出笑容。

由此可見，言談的速度也反映出一個人的內心世界，因此，我們不論在工作中、生活中，還是社交中都要注意一個人的言談語速，這樣更便於我們讀懂對方的內心世界。

9 語調：心理活動的顯示器

與說話速度一樣可以呈現特徵的，便是音調。蕭邦曾在一家雜誌專欄中敘述道：「當一個人想反駁對方意見時，最簡單的方法就是拉高嗓門、提高音調。」的確如此，人總是希望藉著提高音調來壯大聲勢，並試圖壓倒對方。

音調高的聲音，是幼兒期的附屬品，為任性的表現形態之一。一般而言，年齡越高，音調會隨之相對降低。而且，隨著一個人精神結構的逐漸成熟，便具備了抑制「任性」、情緒的能力。但是，有些成人音調確實是相當高的。這種人的心理，便是倒回幼兒期階段了，在此情況下，自己無法抑制任性，也絕對無法接受別人的意見。

在一個座談會上，如果有人的評述似乎牽扯到A男，於是被責罵的A男便會猛然發出刺耳的叫聲，並像開機關槍一樣開始反駁，使得在座者啞口無言，座談的氣氛蕩然無存。

言談之中，還有所謂語調的抑揚頓挫，對一個人的外在表現非常重要，甚至有時也能決定人的沉浮。

講話語調很高的人，通常是外向性格的人。似乎為了讓對方聽懂他的話，所以說話的聲調很高。這也是外向型性格的人，重視人際關係、擅長社交的原因。

尤其是他的想法為對方所接受，達到情投意合的境地時，他的聲音就會變得更大，而且聲

調裡面會充滿了自信。那些能夠斷然下定論的人，通常都是外向型人當中支配欲最強烈的人，這種人說話時，往往會強迫別人接受他的想法。

外向型性格的人，一般說話的速度稍快。他們這類人言語流暢，聲音的頓挫富於變化，而且能說會道，只要一想到什麼事情，就會毫不考慮說出來，有時甚至會把對方的話攔腰打斷，以便貫徹實行自己的主張。

即使還不到這種地步，這種人說話的方式仍然顯得周到而且清晰，即使是對於初次見面的人，他也能夠以親切的口吻與之交談，臉上浮著微笑，不時點頭。

外向型的人跟別人碰面時，只要彼此交談，就能夠使他的性格更為鮮明。因此，話說到投機處，就無法控制，不斷湧出話題，好像有取之不盡的「話源」似的，有時話題變得支離破碎，無法再度接合，他仍然會喋喋不休。因為對他來說，「開講」本身就是一件樂事。

即使事後自己也認為「說得太過火」，他也不會表示後悔。正因為他具有不拘泥於小節的性格，對於過去的事情很少去計較或者後悔，有時他甚至會忘記自己說過的事情，一旦對方提醒，方才說：「哦！我那樣說過嗎？」

外向型的人能夠在毫不矯揉造作之下，以開玩笑的口吻介紹他自己。有時是自己的可笑之事，他都勇於說出來，博得對方一笑，因為他是一根腸子通到底的人，什麼事情都不隱瞞，不

在乎大家都知道他的事。

因為這種性格的人，能夠把自己的想法率直吐露，姑且可以稱之為正直的人。但由於這類性格的人過於自負，很容易成為本性主義者。

總而言之，外向型的人說話方式都很注意一個目標，那就是給周圍的人快樂而輕鬆的氣氛，這是因為他們喜歡跟周圍的人一起歡笑，甚至一塊抱頭痛哭的緣故。

跟外向型性格的人相反的是內向型性格的人。內向型的人說話的節奏非常緩慢，平鋪直敘，極少抑揚頓挫的聲調變化，在交談時始終保持一定的語氣和沉著冷靜的態度，對於持不同觀點的人，他從不用斷然拒絕的方式來回答別人，他總給人一種思慮很周到以及用詞很典雅的印象。善於言談者的內向型人，既不會擅自下結論，同時也不強迫對方同意。

性格的內向和外向，是一種互補關係，用內向的圓通柔和彌補外向的衝動不足，可以獲得一種較好的性格組合。世界首富比爾蓋茲原來的性格是外向的，隨著閱歷的成長和內心的修練，他的性格變得越來越圓融，這有利於他事業的發展。

如果你平時能夠憑聲音判斷他人的性格，那麼，即使在電話中，你也可以較正確判斷對方的性格（指內向或者外向），有時甚至只要憑開始的一句「喂……喂……」就能夠下判斷。

外向型的人一開口說話聲調就富於節奏感，給人一種爽朗而活潑的感覺。他能夠禮貌報上

自己的姓名，雖然說話多少快了一點，但是你能夠很快明白他的用意。外向型性格的人，都希望約談的時間越快越好，至於見面的地點，他也會配合著對方的意思，很快做出決定。

內向型的人在開始的「喂……喂……」時，就叫人覺得聲音低沉而渾濁，好似在打探這邊人的情緒似的，他會根據應答者語氣相應調整自己的語調。他的「冗話」很多，顯得非常懂禮節。他非常關心對方的事情，盡量使用一些恭敬的詞語與別人交談，做事顯得很拖沓。

內向型性格的人比外向型的人讀書更為仔細一點，認真是他的一貫宗旨。內向型的人不會輕易同意別人的說法，他有自己的觀點，不容易被說服。他更不會盲目附和對方，而是一直堅持自己的想法，只是不會明顯說出來罷了。正因為如此，一般人不容易看到他的內心，說他狡猾也不為過。

在言談方式中，除了音感和音調之外，語言本身的韻律（節奏）也是重要的因素。充滿自信的人，談話的韻律為肯定語氣；缺乏自信的人或性格軟弱的人，講話的韻律則慢慢吞吞。其中，也會有人在講一半話之後說：「不要告訴別人……」而悄悄說話。此種情況多半是祕密談論他人閒話或缺點，但是，內心卻又希望傳遍天下的情形。

一個成功的政治家和企業家，在控制言談的韻律方面，都有獨到之處。這種細節性的處理方式，使自己贏得了社會或下屬的認可與尊重。

寒暄、問候以及禮儀等方面的待人態度、舉止等，各人都有自己獨特的方式。那種微妙的不同之處，在初次見面時就會叫人感受到「人格」的差異。其實除了這點以外，又可以藉此判斷對方的性格。

10 語態：性格的外化

人說話的目的不僅僅是把思想表達意思傳達給對方就算完成了說話的任務，更主要的目的則是為了讓對方接受——更好、更愉快的接受。為了達到這樣的效果和目的，在說話的時候，就要注意自己的語態。從一個人說話的語態上也可以觀察出一個人的性格。

在說話中善於使用恭敬用語的人，多比較圓滑和世故，他們對他人有很好的洞察力，往往能夠體會到他人的心情，然後投其所好。這一類型的人隨機應變的適應力很強，性格彈性比較大，與絕大多數人都能夠保持良好的關係，在為人處世方面多能如魚得水，左右逢源。

在說話中善於使用禮貌用語的人，多有一定的學識和文化修養，能夠給予他人足夠的尊重和體諒，心胸比較開闊，有一定的包容性。

說話習慣用方言的人，感情豐富而又特別重感情。他們的適應能力並不是特別強，與其他環境的融合往往需要很長的一段時間。這一類型的人，自信心比較強，有一定的膽量和魄力，

很容易獲得成功。

善於勸慰他人的人多才思敏捷健談，對人情世故有深刻而又正確的理解和認識。感情豐富，易於和他人產生共鳴。

在說話的時候，總是不斷發牢騷的人，多是好逸惡勞，貪圖享受的人。他們雖然想改變自己的處境，但卻只是安於現狀，坐享其成，而不去實際行動。一遇到挫折和困難，就逃避退縮，把原因都歸結到外界的因素上。他們對別人的要求總是相當嚴格的，但卻從要求自己。他們自私自利，缺乏容人的氣度，很少設身處地為別人著想，總期望得到更多的回報。

在談話中好為人師者，多自我意識強烈，常常自以為是，目中無人，表現欲望強烈，希望自己能夠引起他人的注意。

肆意汙蔑他人的人多心胸狹窄，無法容忍別人比自己過得好，嫉妒心強，愛搬弄是非。

說話尖酸刻薄的人多不太尊重他人，也時常缺乏必要的禮貌，他們對人多特別挑剔，似乎永遠也沒有滿意的時候，時常會遭到周圍人的厭惡，人際關係並不是很好，而他們自己卻意識不到這一點。

11 不同的招呼，不同的性格

由於生活習性和性格特徵的不同，每個人打招呼的用語經過長時間的累積，形成了鮮明的個人特色。

在日常交際過程中，打招呼是一項重要的禮儀，可以幫助人們傳遞友情和問候。打招呼的用語每個人都不太一樣，這裡所謂的慣用招呼語，是指剛剛結識某人或與熟人相遇時最常使用的語句。

美國路易斯維爾大學副教授及心理學家史坦利．佛拉傑博士研究指出，由以下幾種常見的招呼語可分析出說話者的性格特徵。

(1) 喜歡說「你好」的人

這種人頭腦冷靜，遇到緊急或意外的事情能夠鎮定自若，但有保守的傾向，在處理事情的過程中往往墨守成規。他們在工作的時候認真努力，精益求精，完全可以控制住自己的感情，全心全意投入到工作當中；不喜歡大驚小怪，也不善於故弄玄虛，為人誠懇，熱情大方，深得朋友們的認可。

（2）喜歡說「喂」的人

這種人生性樂觀活潑，總是一副笑臉相迎的樣子，讓人看了覺得親切可愛。精力充沛，渴望受人傾慕，所以總是不停活動；坦白直率，有什麼就說什麼，從來不對好朋友隱瞞自己的真實想法和感受；思維敏捷，靈活應變，富於創造性，常把生活裝點得絢麗多彩；具有幽默感，可以給身邊的人帶來快樂；善於聽取不同的見解，所以常常得到他人的寵愛。

（3）喜歡說「嗨」的人

用這種方式打招呼的人多半靦腆害羞，不喜歡在大庭廣眾下拋頭露面；多愁善感，往往不能控制自己的情緒，容易受外界環境的影響，而且極容易陷入尷尬困窘的境地，經常因為擔心出錯而不敢做新的嘗試。

偶爾也很熱情，主動把自己的情緒展露出來，討人喜愛，尤其是和家人或知心好友在一起時。

（4）喜歡說「過來呀」的人

這種人處事果斷，樂於與他人分享自己的感情和思想，而且愛好冒險，並能從失敗中吸取教訓。

(5)喜歡說「看到你很高興」的人

這種人性格開朗，待人熱情、謙遜。他們喜歡親自參與各類事情，不願袖手旁觀，是十足的樂觀主義者；缺點是經常耽於幻想，易於感情用事。

(6)喜歡說拉近彼此距離話語的人

這種人處事果斷，立竿見影，但往往由於過度自信而不假思索，所以常常出現魯莽的舉動，甚至過激行為；熱情大方，不拘小節，樂於與他人分享自己的感情和思想，同時也願意分享他人的喜怒哀樂；特別愛好冒險，有著勇往直前的魄力，並能從失敗中吸取教訓，所以能夠成為成功者。

(7)喜歡說令對方高興話語的人

這種人開朗大方，有著較強的適應能力，能夠有條不紊處理突發事件；待人熱情謙遜，不卑不亢，具有很強的交際能力；如果是女士則往往在交際過程中顯得卓而不凡；喜歡親身參與各類活動，以體驗不同的感受，不願袖手旁觀，拒絕失敗，是個十足的樂觀主義者。缺點是經常耽於幻想，容易感情用事。

(8)喜歡打聽稀奇事情的人

這種人野心勃勃，不甘心平凡，喜歡追求高目標和極限，更喜歡擁有「振臂一揮，應者

雲集」的號召力；熱衷於探幽索隱，不喜歡表面文章，凡事都要打破砂鍋問到底，如果機會允許，可以成就不凡的事業；熱衷追求物質享受，可以為此不遺餘力，所以也有成為野心家的可能。

(9) 喜歡詢問近況的人

這種人在任何場合都喜歡拋頭露面，能夠積極主動和陌生人打招呼，所以在社交場合常常成為引人注意的焦點；對自己和未來充滿自信，善於自我勉勵，能夠衝破眼前的艱難險阻；善於審時度勢，不打沒有把握的仗，一旦有了決定，就會一往無前，不達目的誓不甘休。

(10) 喜歡用外語打招呼的人

這種人喜歡自我賣弄，有很強的表現欲望，通常有一定的知識水準，擁有很強的自信心，但更希望在日常生活中得到大多數人的注目，所以會在人多的公共場所同自己的熟人打招呼，或在分手的時候用外語道別。對於朋友，他們往往要求甚高，而且最大的毛病是喜新厭舊，不會為某個故友的斷交而失望，相信自己會找到更好的朋友。

第五章　衣著打扮，一分鐘就能看對人

從一個人的衣著上，可以看出一個人很多的東西，它能表現一個人的心理狀態及審美觀點，從而表現一個人的性格。衣著打扮是一個人思想、修養、內涵的外套，學會從衣著打扮看人識人，就很容易迅速了解對方。

1　衣服：書寫著一個人的社會符號

一個人的衣著上，表現一個人的心理狀態及審美觀點，也表現著一個人的性格與心理狀態。

（1）喜歡穿簡單樸素衣服的人，性格比較沉著、穩重，為人較真誠和熱情。這種人在工作、學習和生活當中，對任何一件事情都比較踏實、勤奮、好學，而且還能夠做到客觀和理智。但是如果過分樸素就不太好了，這種情況顯示人缺乏主體意識，軟弱而易屈服於別人。

（2）喜歡穿單一色調服裝的人，多是比較正直、剛強的，理性思維要優於感性思維。

（3）喜歡穿淺色衣服的人，多比較活潑、健談，且喜歡結交朋友。

（4）喜歡穿深色衣服的人，性格比較穩重，顯得城府很深，不太愛多說話，凡事深謀遠慮，常會有一些意外之舉，讓人捉摸不定。

(5)喜歡穿樣式繁雜、五顏六色、花俏衣服的人，多是虛榮心較強、愛表現自己而又樂於炫耀的人，他們任性甚至還有些飛揚跋扈。

(6)喜歡穿過於華麗的衣服的人，也是有很強的虛榮心和自我顯示欲、金錢欲。

(7)喜歡穿流行時裝的人，最大的特點就是沒有自己的主見，沒有自己的審美觀，他們多情緒不穩定，且無法安分守己。

(8)喜歡時髦服裝者：有孤獨感，情緒常波動。這一類人，完全不理會自己的愛好，還有可能說不曉得自己真正喜歡什麼，他們只以流行為愛好，向流行看齊。這類人在內心深處常有一種孤獨感，情緒也時常不安。

(9)喜歡根據自己的嗜好選擇服裝而不跟著流行走的人，多是獨立性比較強，有果斷的決策力的人。

(10)喜愛穿同一款式衣服的人，性格大多比較直率和爽朗，他們有很強的自信，愛憎、是非、對錯往往都分得很明確。他們的優點是做事不會猶豫不決，而是顯得非常乾脆俐落。言必信，行必果。但他們也有缺點，那就是清高自傲，自我意識比較濃，常常自以為是。

(11)喜歡穿短袖襯衫的人，他們的性格是放蕩不羈的，但為人卻十分隨和親切，他們很

熱衷於享受，凡事率性而為，不墨守成規，喜歡有所創新和突破。自主意識比較強，常常是以個人的好惡來評定一切。他們雖然看起來有點吊兒郎當，但實際上他們的心思還是比較縝密的，而且什麼時候都知道自己是做什麼的，所以他們能夠三思而後行，小心謹慎，不至於因為任性妄為，而做出錯事來。

（12）喜歡穿長袖衣服的人，大多比較傳統和保守，為人處世都愛循規蹈矩，而不敢有所創新和突破。他們的冒險意識比較缺乏，但他們又喜愛爭名逐利，自己的人生理想定得也很高。這樣的人最大的優點就是適應能力比較強，這得益於循規蹈矩的為人處世原則。把他們任意放在哪一個地方，他們很快就會融入其中，所以通常會營造出比較好的人際關係。他們很重視自己在他人心目中的形象，希望得到注意、尊重和讚賞，從而在衣著打扮、言談舉止等各個方面都總是嚴格要求自己。

（13）喜愛寬鬆自然的打扮，不講究剪裁合身、款式入時的衣著的人，多是內向型的。他們常常以自我為中心，而融不到其他人的生活圈子裡。他們有時候很孤獨，也想和別人交往，但在與人交往中，又總會出現許多的不如意，所以到最後還是以失敗而告終。他們多是沒有朋友，可一旦有朋友，就會是非常要好的，他們的性格中害羞、膽怯的成分比較多，不容易接近別人，也不易被人接近。他們對團體的活動一般來說是沒有興趣的。

(14)喜歡穿著打扮以素雅、實用為原則的人，他們多是比較樸實、大方、心地善良、思想單純而又具有一定的寬容和忍耐力的人。他們為人十分親切、隨和，做事腳踏實地，從來不會花言巧語去欺騙和耍弄他人。他們的思想單純，凡事都往好的方面想，但絕對不是對事物缺乏自己獨特的見解。他們具有很好的洞察力，總是能把握住事情的實質，而做出最妥善的決定和方案。

(15)喜歡色彩鮮明、繽紛亮麗的服裝的人，他們是比較活潑、開朗的，單純而善良，性格坦率又豁達，對生活的態度也比較積極、樂觀和向上。他們多也是比較聰明和智慧的，這些表現在外的就是有較強的幽默感。同時，他們的自我表現欲望比較強，常常會製造些意外，給人帶來耳目一新的感覺，以吸引他人的目光。

2　從服飾色彩來看人

服飾表現個性。透過對一個人的穿著打扮的觀察，可以明顯發現出一個人的內在氣質。「服飾是第二種皮膚」，從一個人著裝色彩的選擇上，可以看出他的性格特徵和心理動向。

一個人總是試圖掩飾赤裸裸的自我，而穿著衣服，但是又往往因為自己的衣著使得內心反

而暴露於外了。因為一個人經過自己選擇而穿於身上的衣服，正好表現出他在裸露著肉體時所不能了解的內心。所以，有時候，我們將衣服視為與人體不可分離的部分，甚至視為「自己的化身」，均不足為怪。在心理學中，稱此種情況為「自我延長」。人們經常在社會生活中，可以看到某些人的穿著和其本人的年齡或身分是不協調的，對於這類人，我們透過他（她）的服飾可以理解他（她）的想法，他們一般都是有意而為之的。

在現實生活中，也有不少企業家和社會名流，他們喜歡穿深藍色粗直條紋的衣服，這本不是一個偶然的現象。俗話說，偶然是戴著面具的必然。他們這樣穿著，無非是盡可能誇大自己的社會影響力，從服裝上表現一種自我優勢的心理趨向。由於藍色是具有安定感的顏色，他們這樣裝扮自己，在自我表現的同時，也在顯示自己在社會的穩定地位。而企業家或社會名流並不都會穿深藍色粗直條紋的西裝，而那些較喜歡此類衣著的人，大多數都可能是徒具豪爽的表象，而內心卻是個軟弱無力的人。

有些人完全無視於自己的愛好，僅是由於「流行」，便一味趕時髦。這種人大都深具孤獨感，情緒也不穩定。

相反的，對於所謂的流行毫不在乎的人，是個性較為堅強的人。不過，也有很多是由於某種原因或因素，而把自己關在象牙塔裡，深恐與他人「同化」而失去自我。我們如與這種人同

事或同處，往往會因小事固執己見，而產生摩擦。此外，還有處於這兩者之間的類型，此種類型者現在比以前大為增加，這種人屬於強烈的適度自我主張者。

由服裝了解他人所應該注意的一項要領，也就是要注重服裝的變化。服裝當然足以反映出一個人的喜好。每個人都有各自喜愛的款式、色調以及質料等等。一般來講，在一間公司的桌子上，如果放著一件上衣，光憑該上衣的類型、顏色等，便能猜出主人大概是什麼樣的人了。可是，有時候，我們也會碰到隨時改變其所好，讓人無法了解其真正喜好的服裝為何的人。這種人的情緒大都不穩定，或者也可能由於希望脫離單調的工作，過著富於變化的生活，以致有此種逃避現實的表現。

還有一種人，本來一向穿著特定格調的服裝，可是，突然之間，穿起完全不同格調的服裝來。這種人大多數是在物質或者精神方面遇到了重大的刺激，他（她）的思維方式受到新觀念的影響，從而表現在服飾上的重大調整。

在中國古代，有位少數民族的國王，為了學習漢族的優秀文化藝術，首先從服裝上做起，從意識形態上強化對漢族文化的接納，最終獲得了良好的效果。

在日常生活中，有的人喜歡穿顯眼的華麗服裝，有的人卻喜愛樸素的服裝，這都多少表現了其不同的心理。喜歡華麗服裝的人，表示這個人的自我表現欲特別強烈；但是，假使這種華

麗程度太過分的話，就成了所謂的奇異服裝了。一般而言，穿著這種服裝的人，除了自我表現欲強烈之外，獲取金錢的欲望也很強烈。

每一個人在選擇服裝的色彩上，總與個性脫不了關係。因為，每一個人的服裝色彩，總是和這個人當時的心理活動狀態有著一定的關聯。所以，從每個人所喜愛的顏色上可多少看出他具有什麼樣的性格特徵：

⑴喜歡橄欖色的人

這種人在選擇橄欖色時，當時的心理狀態一般是處於被抑制的狀態和歇斯底里的狀態。

⑵喜歡綠色的人

這種人一般喜歡自由，有寬大的胸懷，綠色是其在抱有希望、沒有偏見的心理狀態下選擇的。

⑶喜歡藍色的人

這種人通常是在表現內向的性格，想有現實感的時候選擇藍色。

⑷喜歡橙色的人

一般是在無法獨居時，對人生意欲強烈的時候所選擇的顏色，這種人雄辯、開朗、口才好，並喜歡幽默。

(5)喜歡黃色的人

這種人在使別人感覺自己有智慧、有純粹高潔心情時，選擇黃色調的服裝。

(6)喜歡紅色的人

選擇紅色的人是衝動的、有精神的、堅強的生活者。紅色是在虛張聲勢時所選擇的。

(7)喜歡紫紅色的人

選擇紫紅色的人，一般是在無法冷靜、客觀分析自己的時候所選擇的。

(8)喜歡桃紅色的人

喜歡桃紅色的人，是保持漂亮時所選擇的。這種人以舉止優雅為特徵。

(9)喜歡青綠色的人

這類人是在喜歡有纖細感覺的心理狀態下選擇的。

(10)喜歡紫色的人

這種人一般具有保持神祕、自我滿足的藝術家的氣質，喜歡別出心裁。

(11)喜歡褐色的人

這類人在選擇褐色時，當時的心理狀態很踏實。

(12)喜歡白色的人

這種人通常是在缺乏感動性、決斷力、實行力、不知所措的心理狀態下所選擇的。

(13)喜歡黃綠色的人

這類人是在缺乏興趣、交際狹窄、缺乏纖細心情時選擇的。

(14)喜歡灰色的人

這種人是在缺乏主動性的時候，自己沒有勇氣面對困難的心理狀態下所選擇的顏色。

(15)喜歡濁紫紅色、暗褐、黑色的人

這種人是在社交場合的時候，或者不喜歡表露心情的時候所選擇的。

3　穿什麼樣T恤，有什麼樣的性格

如今，T恤已經成了一種最普遍而且最受歡迎的服裝，男女老少皆宜。在過去，T恤只是用來保暖和吸汗的衣服，可是現在，它已演變成了一面大眾告示牌，可以任由自己在上面隨便紀錄或宣洩各種情緒和想法。所以，選擇什麼樣的T恤可以更直觀看出一個人具有什麼樣的性格。

習慣於選擇沒有花樣的白色T恤的人，多有自己比較獨立的個性，他們不會輕易向世俗潮流低頭。他們往往具有一定程度的叛逆性，但表現的形式往往不是特別的明顯和恰當。

喜歡選擇沒有花樣的彩色T恤的人，自我表現欲望並不是特別的強烈，他們甚至甘於平凡和普通，做一個默默無聞的人。他們多比較內向，不太愛張揚，而且富有同情心，在自己能力許可的條件下，會去關心和幫助他人。

喜歡在T恤上印上自己名字的人，思想多是比較開放和前衛的，能夠很輕鬆接受一些新鮮的事物，他們對一些陳舊迂腐的老觀念多是持一種相當排斥的態度。他們的性格比較外向，喜愛結交朋友，為人比較真誠和熱情，所以通常會有比較不錯的人際關係。他們的自信心還是很強的，有一定的隨機應變能力，在不同的情況下，能夠及時的做出應對策略。

喜歡穿印有各種明星的畫像及與之相關的東西的人，多是追星族，他們對那些人無限的崇拜，並且希望自己有朝一日能像他們一樣。他們很樂於向別人表達自己的這種心理。

喜歡在T恤衫上印有一段幽默標語的人，多具有一定的幽默感，而且很聰明和智慧。另外，他們也是具有很強的表現欲望的，希望自己能夠吸引別人的注意。

喜歡穿印有學校名稱或大企業的標誌裝飾的T恤，這一類型的人多比較希望他人知道自己的身分，並且對自己所在的公司和企業具有一定的感情。他們希望能夠以此為載體，吸引一

些志同道合的人。

喜歡穿有著名景點風景的T恤，這一類型的人對旅遊總是情有獨鍾。他們的性格多是外向型的，對新鮮事物的接受能力很強，而且具有一定的冒險精神。自我表現欲很強，希望把自己所知道的一切都傳達給他人。

4　從所穿的鞋子來觀人

鞋子，並不是像我們所想像的那樣，單純只有保護腳的作用，這只是一方面。在觀察他人鞋子的時候，我們除了注意其美觀大方外，還可以透過它對一個人進行性格的觀察。

始終穿著自己最喜愛的一款鞋子，這一雙穿壞了，會再去買另外一雙，這樣的人思想多是相當獨立的。他們知道自己喜歡什麼，不喜歡什麼，他們很重視自己的感覺，而不會太在意他人怎樣看。他們做事是比較小心和謹慎的，在經過仔細認真的思考以後，就會全心全意投入，把它做得很好。他們很重視感情，對自己的親人、朋友、另一半的感情都是相當忠誠的，不會輕易背叛。

喜歡穿沒有鞋帶的鞋子的人，並沒有多少的特別之處，穿著打扮和思想意識都和絕大多數人差不多。但他們很傳統和保守，中規中矩，追求整潔，表現欲望不強。

穿細高跟鞋，腳在一定程度上是要受折磨的，但愛美的人是不會在意這些的。這樣的人表現欲望是很強的，他們希望能引起他人，尤其是異性的注意。

喜歡追著流行走、穿時髦鞋子的人有一種觀念，那就是只要是流行的，就全部是好的，但沒有考慮到自身的條件是否與流行相符合，有點不切實際。這種人做事時常缺少周全的考慮，所以會顧此失彼。他們對新鮮事物的接受能力比較強，表現欲望和虛榮心也強。

喜歡穿運動鞋，說明這是一個對生活持相對積極樂觀態度的人，他們為人較親切和自然，生活規律性不強，比較隨便。

喜歡穿靴子的人，自信心並不是特別強，而靴子卻在一定程度上能為他們帶來一些自信。另外，他們很有安全意識，懂得在適當的場合和時機將自己掩蔽起來。

喜歡穿拖鞋的人是輕鬆隨意型人的最佳代表，他們只追求自由的感覺和感受，並不會為了別人而輕易改變自己。他們很會享受生活，絕對不會苛刻自己。

熱衷於登山鞋的人，在工作上投入的時間和精力相對要多一點，他們有很強烈的危機感，並且時刻做好了準備，準備迎接一些可能突然發生的事情。他們有相對較強的挑戰性和創新意識。勇於冒險，向自己不熟悉的未知領域挺進，並且有較強的自信，相信自己能夠成功。

有多雙穿著非常舒適、價格昂貴的鞋的人，大多懂得生活，重視生活的品質。在工作上一

絲不苟，對自己要求非常嚴格。有魄力，大氣，容易成就大事業。

什麼樣的鞋子都行的人，對衣著打扮很隨意，認為鞋子無所謂好壞，什麼樣的鞋子都行，穿習慣就舒服了。這樣的人往往做事不嚴謹，大大咧咧，凡事敷衍了事，只要應付過去就行。生活態度比較消極，做一天和尚敲一天鐘，得過且過。因此，這樣的人生活品質不高，事業成功的機率也不大。

在天氣晴朗的情況下，就喜歡穿露腳趾頭的鞋子。這種人大多開朗、活潑，精力充沛，而且思想意識比較前衛。崇尚自由，任何規矩對他們來說都是束縛、是虐待，他們很喜歡結交朋友，待人很熱情，為人灑脫，拿得起，放得下。

5　領帶——男人心理特徵

有男士抱怨道：「上帝太不公平了，女人不僅衣服款式多，而且配飾還一大把，而我們男人，除了西裝就是休閒裝，就連主要的配飾——領帶也不太好打。」姑且不論此君是否抱怨合理，但對於男士來說，作為其主要配飾之一的領帶的確是有諸多講究。能夠把領帶打好打漂亮的確需要不少技巧，而所打的領帶和領帶結，從側面反映出某些人的心理特徵。

領帶結又小又緊的人。如果有這種喜好的男人身材瘦小乾枯，則說明他們是有意透過這種

小而緊的領帶結，讓自己在他人匆忙的一瞥時顯得「高大」一點。如果他們並無體型之憂，則說明是在暗示他人最好別惹他們，他們不會容忍別人對自己有半點的輕視和怠慢。這是氣量狹小的表現，由於生活和工作中謹言慎行，疑心甚重，他們養成了孤僻的性格。他們凡事大多先想自己，熱衷於物質享受，對金錢很吝嗇，一毛不拔，結果幾乎沒有什麼人願意和他們交朋友，他們也樂於一個人守著自己的陣地，孤軍奮戰。

領帶結不大不小的人。先不考慮領帶的色彩和樣式，也不管長相和體型如何，男人配上這種領帶結，大都會容光煥發，精神抖擻，充滿活力。他們可以獲得心理上的鼓舞，會在交往過程中注重自己的言談舉止，所以不管本性如何，都顯得彬彬有禮，不輕舉妄動。由於認識到領帶的作用，他們在打領帶結的時候常常一絲不苟，把領帶打得恰到好處，給人美感。他們安分守己，把大部分的精力放到工作當中，勤奮上進。

領帶結既大又鬆的人。領帶的作用是使男人更加溫文爾雅，但打這種領帶結的男人所展現的翩翩風度絕不是矯揉造作出來的，而是貨真價實，是他們豐富的感情所展露出的風采；他們崇尚自由，不喜歡拘束，能夠積極拓展自己的生活空間，主動與他人交往，練就高超的交往藝術，在社交場合深得女人的歡心和青睞。

領帶綠色、襯衫黃色的人。綠色象徵生命和活力，是點綴大自然的最美妙的色彩；黃色代

表收穫和金錢，是財富與權勢的象徵。這樣搭配領帶和襯衫的男人富有青春活力與朝氣，想什麼就做什麼，不喜歡拖泥帶水，對事業充滿信心，不過有時魯莽衝動，自控能力較差。

領帶深藍色、襯衫白色的人。「藍領」代表職工階層，「白領」代表管理階層，他們將兩者融合到一起，上下兼顧，同時不乏風度翩翩。這類型的人充滿正義感，待人真誠而謹慎。由於視野寬闊，白領的誘惑遠遠超過藍領，所以他們對薪資特別專注，事業心極重，結果在奮鬥過程中常常出現急功近利的表現。

領帶多色、襯衫淺藍色的人。五彩繽紛是人們對美好事物的形容，充滿了迷離和誘惑，普通人和勤奮的人往往對此敬而遠之，所以選擇這種領帶和襯衫的人擁有一股市井氣，熱衷於名利；在感情方面，路邊的野花美麗耀眼，常常使他們心猿意馬，見異思遷。他們對愛情往往不能專心致志，追逐的目標總是換了一個又一個。

領帶黑色、襯衫白色的人。黑白分明是對閱歷豐富之人的形容，所以喜歡這種打扮的人多為穩健老成之士。由於看的多，感悟也多，他們懂得什麼是人生的追求；善於明辨是非，相信「善有善報、惡有惡報」，正義在他們身上得到了最大的展現。

領帶黑色、襯衫灰色的人。不用看他們的表情如何，僅這身打扮就讓人有種不舒服的感覺。這種人往往內心很憂鬱，而這份憂鬱是氣量狹小所致，他們選擇這身打扮，正是為了掩飾

這個缺點。在工作當中，老闆考慮到其他員工的情緒，常常請他們捲舖蓋回家，所以他們經常變換工作。

領帶紅色、襯衫白色的人。紅色象徵火焰，代表奔放的熱情，更是一種積極和主動的表現，所以男人選擇紅色領帶，無異於想追逐太陽的光輝，以使自己成為注意的焦點。他們本應該屬於充滿野心的類型，但白色代表純潔，是和平與祥和的象徵，白色襯衫讓別人對他們刮目相看，見到他們如火一樣的熱情和純潔的心靈。無論是在生活上還是工作上，他們都積極主動，有著昂揚的鬥志。

領帶黃色、襯衫綠色的人。用辛勤的耕耘換取豐碩的收穫，按照理想設計生活和人生，並勇於實施，他們流露出的是詩人或藝術家的氣質。他們相信付出就會有回報，所以不會杞人憂天、擔心秋後因為意外的暴風雨而顆粒無收。他們與世無爭，保持柔順的性情，對人非常和藹可親。

喜歡名牌領帶的人。這種情況分兩種。一種人喜歡佩帶名牌標誌很顯眼、讓別人一眼就看出是名牌的領帶。這種人很自卑，愛慕虛榮，自我表現欲強烈。他們的手錶、皮帶等隨身物品大多也是名牌。另一種人也喜歡用名牌領帶，但純粹是為了自身舒適，而不是為了讓人看。這樣的人品味獨特，色彩感覺準確，能夠搭配著裝，即使是像襯衫、襪子這一類藏在裡面的東西

也毫不馬虎。

不喜歡打領帶的人。一般比較喜歡粗糙的風格。這樣的男性活力四射，精力充沛。喜歡領導別人，支配欲強，但是往往用人不得法。還有一種人，因為職業的限制而不得不打領帶，但打心眼裡不喜歡打領帶，這說明他們對自己現在所處的環境極度不滿，有跳槽的意圖。

不會繫領帶的人。連繫領帶這種小事都要人代勞的人，大都心胸豁達而不拘小節。他們或是有某種常人沒有的絕技在身，或是先天具有領袖才能，使他們不屑將精力消耗在繫領帶這樣的細節問題上。他們性情隨和，有同情心，朋友甚多，口碑亦好，且夫妻情篤、家庭和睦。

6　背包，一個人性格的潛意識反映

從小到大，每個人都會有一個屬於自己的包，和一份難解的「背包」情結。而這種「情結」正是人的潛意識的反映，所以透過觀察一個人的背包也能觀察他人的內心。

一般來說，選擇的提包比較大眾化的人，他們的性格也比較大眾化，或者說沒有什麼特別鮮明的、屬於自己的個性。他們在很多時候都是隨波逐流，大家都這樣選擇，所以我也這樣選擇，對事物沒有自己的主見，目光和思想比較平庸和狹窄。人生中多少有收穫，而無大的成就和發展。

選擇的提包特別有特點，甚至是達到那種讓人看一眼就難以忘卻程度的人，其性格可能要分兩種不同的情況來分析：一種是他們的個性的確特別強、特別突出，對任何事物都能從自己獨特的思維、視覺等各方面出發，從而做出選擇。這一類型的人有很多具有藝術細胞，他們喜歡我行我素，不被人限制，而且他們標新立異，敢冒風險，具有一定的膽識和魄力。如果不出現什麼意外，自己又肯努力，將會在某一領域做出一定的成績。另外還有一種人，他們並不是真正有什麼個性，也沒有什麼審美眼光，不過是為了要顯示自己的與眾不同，故意做出一些與其他人迥然有異的選擇，以吸引更多的目光罷了。這一類型的人自我表現欲望及虛榮心都比較強。

選擇的提包多是休閒式的人，可以看出他們的工作有很大的伸縮性，自由活動的空間比較大。正是由於這樣的條件，再加上先天的性格，這類人大多很懂得享受生活。他們對生活的態度比較隨便，不會過分苛刻要求自己。他們比較積極和樂觀，也有一定程度的進取心，能安排工作、唸書和生活，在輕鬆愜意的氛圍裡把屬於自己的事情做好，並取得一定的成就。

選擇的提包多是公事包，這也從一個側面說明了提包主人工作的性質。他們可能是某個企業公司的總經理，如果是普通職員，也是大公司的職員。選擇公事包可能是出於工作的一種需求，但在其中多少也能透出一些性格的特徵。這樣的人往往事業心極強，屬於典型的工作狂。

他們大多辦事較小心和謹慎，不一定非得要不苟言笑，即使是有說有笑，對人也會相當嚴厲。當然，他們對自己的要求往往更高。

有小把手的方形或長方形的手提包，在有些時候可以當成是一件配飾。這種手提包外形和體積都相對比較小，所以使用起來並不是很方便。喜愛這一款式手提包的人，多是沒有經歷過什麼磨難的人。他們比較脆弱和不堪一擊，遇到挫折，容易妥協和退讓。

喜歡中型肩帶式手提包的人，在性格上相對比較獨立，但在言行舉止等各個方面卻是相對較傳統和保守的。他們有一定相對自由的空間，但不是特別的大，交際圈子比較狹窄，朋友也不是很多。

喜歡無帶的中等大小提包的人，這類人往往比較注重外表的包裝，認為實用不如好看。喜歡提這種包的女性喜歡撒嬌，說話嗲聲嗲氣，即使有了男朋友，也照樣能跟其他男性撒嬌。喜歡提這種包的男性，自我顯示欲很強，喜歡性感妖豔的女性。

喜歡小巧精緻，但不實用，裝不了什麼東西的手提包，一般來說，應該是年紀比較輕，涉世也不深，比較單純的少年男女的最好選擇。但如果已經過了這樣的年紀，步入成年，非常成熟了，還熱衷於這樣的選擇，說明這個人對生活的態度是非常積極而又樂觀的，對未來充滿了美好的期待。

喜歡具有濃郁的民族風味、地方特色提包的人，自主意識比較強，是典型的個人主義者。他們個性突出，往往有著與他人截然不同的衣著打扮、思維方式等等。有些時候顯得與他人和環境格格不入，所以說，難以營造出比較好的人際關係。

喜歡超大型手提包的人，性格多是那種自由自在、無拘無束的，他們很容易與他人建立某種特別的關係，但是關係一旦建立以後，也會很容易就破裂，這也是由他們的性格所決定的，因為他們的生活態度太散漫，缺乏必要的責任感。雖然他們自己感覺無所謂，但卻並不是其他所有人都能容忍和接受的。

時時刻刻背著包，捨不得放下的人，以女性居多。這種女性大多缺乏自信，性格比較消極、悲觀，戒備心強，看起來總是一副無精打采的樣子。從表面上看，她們對時尚似乎漠不關心，但實際上她們並不甘心落後於時代潮流，通常會在包包上掛一些精緻的小飾物以顯示自己與潮流同步。

把手提包當成購物袋的人，獨立能力比較強，不太習慣於依賴別人。他們很講究做事的效率；多是希望尋找捷徑，在最短的時間內以最少的精力把事情辦成的人。但做起事來又比較雜亂無章，沒有一定的規則，很多時候並不能如願以償。他們的性格多比較隨和親切，有很好的耐性，滿足於自給自足。在他們的性格中感性的成分要比理性成分多一點，做事有些喜歡意

氣用事。

喜歡金屬製手提包的人，多是比較敏感的，他們對新鮮事物的接受能力是很強的，能夠很快跟上流行的腳步。但是這一類型的人，在很多時候自己並不肯輕易付出，而總是希望別人能夠付出。

喜歡中性色系手提包的人，其表現欲望並不是很強烈，他們不希望被人注意，目的是減少壓力。他們凡事多持得過且過的態度，比較懶散。在對待他人方面，也喜歡保持相對中立的立場，甚至連聲音也很中性化。

喜歡色彩鮮豔的手提包的人，愛幻想、追求浪漫，舉止可能有些輕浮。這類人往往自我顯示欲很強，買提包的時候，只考慮如何能提高自己的回頭率，引起異性的注意，而不考慮是否與自己的服飾相協調。

一個手提包，但有很多的口袋，可以把各種東西放到該放的適合位置。選擇這樣的手提包的人，說明他們的生活是十分有規律的，而且能在大多數的時候保持頭腦清醒，不會輕易做出糊塗的事情。

7 不同的髮型，不同的個性

不同的髮型往往表達著一個人的不同個性，看一個人的性格從頭開始。下面所說的類型，多是針對男性朋友而言：

（1）頭髮和鬍鬚連在了一起，且又濃又粗，這種類型的男性，給人的第一感覺往往是剽悍、強壯。一般來講，這些認識都是不錯的，除此外，他們還顯得比較魯莽，性格豪放不羈，有俠義心腸，喜歡多管閒事好打不平，多不拘於小節。

（2）頭髮淡疏，粗硬而捲曲，這一類型的人，思維大多比較敏捷，而且有很好的口才，能夠輕易說服別人。他們的性格彈性比較大，可以說得上是能屈能伸，適應性很好。但他們的屈和伸，又是在堅守一定的原則和基礎之上進行的，所以無論外在的東西怎樣多種形式不斷變化，其內在還是有一些穩定不變的東西。

（3）頭髮濃密柔軟，自然下垂，這一類型的人，大多性格比較內向，話語不多，善於思考。從某種程度上說，他們具有很強的耐性和韌性，這一類型人所從事的事業多是和藝術方面相關的。

（4）頭髮自然向內捲曲，如燙過一樣，這一類型的人，脾氣大多比較暴躁，而且疑心比較重，總是患得患失的在猶豫和矛盾中掙扎，除此之外，嫉妒心還很重。

（5）髮根彎曲，髮梢平直，這一類型的人多自我意識比較強，厭惡被人約束和限制，不會輕易向他人妥協。

（6）讓自然來決定自己的髮型，並且長時間保持，這一類型的人多總是怨天尤人，但卻從來不從自己身上尋找原因，更不會付諸行動去尋求改變。他們很多時候容易向別人妥協，所以很多行動並不是真正的發自內心、自己真實想做的。

（7）頭髮長長的、直直的，看起來顯得非常飄逸和流暢，這種人的性格大多介於傳統與現代之間，他們即含蘊世故，又大膽前衛，只是要視情況而定。他們通常有很強的自信心，對成功的渴望很迫切。

（8）頭髮很短，這樣看起來很簡潔，而且也極為方便，這一類型的人，大多野心勃勃，他們的生活總是被各式各樣的事情占據著。他們在內心很想把這些事情做好，但實際上卻往往什麼也做不好，因為他們缺少必要的責任心，在遭遇困難，面對挫折的時候，往往是選擇逃避。他們做事準備工作往往做得很仔細。

（9）熱衷於波浪型燙髮的人，說明他們對流行是比較敏感的，他們大多很在乎自己外在的形象，並且知道怎樣才能使自己的外在形象達到最佳的效果。他們比較現實，在絕大多數時候，能夠根據客觀實際來協調和改變自己。他們能夠把握自己的命運，

無論是對任何一件事情，都會使之達到自己的要求。

(10)喜歡蓬鬆及前端梳得很高的髮型，這一類型的人比較保守，而且還有點固執或者說是執著。他們喜歡上一件東西，認準了某一件事物，在絕大多數的情況下，不會輕易改變自己的想法及觀念。

(11)故意把髮型弄得很怪，這一類型的人，表現欲望很強烈，他們希望自己能夠吸引更多的目光，他們經常不考慮他人的心情和感受，有什麼話就說什麼話。他們對任何一件事情都有自己獨特的見解和認識，並且會始終堅持自己的立場，他們很有魄力，勇於同權勢對抗，不屈不撓。雖然這些人的行為有時顯得讓人有些難以接受，但卻有不少人尊敬他們。

(12)喜歡平頭的人，大男人主義的思想更多一點，他們討厭具有陰柔特質的人，而對陽剛的人十分有好感。他們自己本身看似缺乏溫柔，但實際上也有溫柔的一面，他們的思想從一定程度上來說還是相對比較保守和傳統的，他們也很在乎自己在他人面前的表現。

(13)喜歡剃光頭的人，多是努力在營造一種能夠讓人產生誤解的想法，這樣很容易給人一種神祕感，讓人猜不透他們心裡在想些什麼。

與男士相比，女士的髮型分析起來，則顯得比較複雜。

（1）女性若留著飄逸的披肩髮，則說明她比較清純、浪漫；若留的是齊眉的短髮，則顯得天真活潑，無憂無慮；燙成滿頭捲髮，代表這個人較有青春的活力，或多或少有點野性。

（2）女性把頭髮梳得很短，並讓它保持其自然的狀態，說明這個人比較安分守己，甚至是封閉保守的；如果她把頭髮梳理得很整齊，但並不追求某種流行的款式，則顯示多是比較含蓄，但有較強烈的自主意識的一個人；在自己的髮型上投入很多的精力，力爭達到精益求精的程度，說明這是一個自尊心比較強、追求完美、愛挑剔的人。

（3）頭髮像鋼絲，又粗又硬，而且還很濃密，這樣的人疑心多比較重，不會輕而易舉相信別人。她們最相信的就是自己，所以凡事都要自己動手，才覺得放心。她們做事很有魄力，而且組織能力也比較強，具有一定的領導才能。這一類型的人，理性的成分多於感性，所以涉及感情方面的問題時，往往會顯得很笨拙。

（4）頭髮很粗，但色澤淡，而且質地堅硬，很稀疏，這一類型的人自我意識極強，剛愎自用，往往聽不進去別人半句話。她們不甘心被人領導，但卻渴望能夠駕馭別人。

她們多比較自私，缺乏容人的度量，但這一類型的人一般來說，頭腦還算比較聰明，可是她們的目光又比較短淺和狹窄，只專注於眼前，看不到長遠的利益，所以不會有多大的成就。

（5）頭髮柔軟，但卻極稀疏，這一類型的人，自我表現欲望一般來說比較強，她們喜歡出風頭，更愛與人爭辯，以吸引他人的目光，獲得他人的注意。在她們的性格中，自負的成分占了很多，她們妄自尊大，很少把他人放在眼裡，儘管自己在某些方面表現得的確很糟糕。她們做事的時候，缺少必要的思考，所以常會做出錯誤的判斷，而且還容易疏忽和健忘。

（6）頭髮濃密粗硬，卻能自然下垂，這種人從外形上來看，多半身體比較胖，而且也顯得比較慵懶，不喜歡活動，但是她們的心思多比較縝密，往往能夠觀察到特別細微的地方。她們的感情比較豐富，易動情，對情感不專一。

8 不同的化妝，不同的性格

「愛美之心，人皆有之。」人們追求美麗，離不開化妝，而一個人化什麼樣的妝，往往是由他的性格所決定的。

下面介紹一下不同妝容與不同性格：

(1)喜歡化流行妝容的人

他們對新鮮事物的接受能力往往很快，但常缺少屬於自己的獨立個性。他們缺少必要的對未來的規劃，相對更熱衷於今朝有酒今朝醉。他們不知道節省，自我表現欲望強烈，希望自己能夠引起他人的注意，城府不是很深。

(2)喜歡濃妝豔抹的人

自我表現欲望更強烈，總是希望透過一種比較極端的方式吸引他人，尤其是為了引起異性對他的更多注意。他們的思想比較前衛和開放，對一些大膽的過激行為常持無所謂的態度。他們為人真誠、熱情、坦率，雖然有時會遭到一些惡意的攻擊，但仍能夠尊重他人。

(3)喜歡化自然妝容的人

這一類型的人，他們多是比較傳統和保守的，思想有些單純，富有同情心和正義感。但不夠堅強，在挫折和打擊面前常會顯得比較軟弱。為人很真誠，從來不會懷疑他人有什麼不良動機。

(4)喜歡化非主流妝容的人

小丑般的紅臉頰，紫色的眼影，眼睛周圍黑黑的，喜歡這種打扮的人，可能並不認為這是

美的象徵，他們很可能是在進行某種情感的宣洩。他們多具有相當強烈的叛逆心理，喜歡和一切常規的思想和行為對抗。

(5) 從很小的時候就開始化妝，並且多年來一直保持著同樣模式的人

這一類型的人多有一些戀舊情結，常會陷入到過去的某種回憶當中，享受往昔的種種，但也能很快走出來。他們比較實際，能夠盡最大努力把握住目前所擁有的一切。他們為人真誠、熱情，所以人際關係不錯，有很多志同道合的朋友。他們很容易獲得滿足，但是有一點跟不上時代的潮流。

(6) 用很長的時間化妝的人

這一類型的人是完美主義者，凡事總是盡力追求達到盡善盡美。為了實現自己的目標，他們可能會付出昂貴的代價，但並不怎麼在乎。他們多有很強的毅力。他們對自己的外表並沒有多少自信，所以在這方面會花費大量的時間、精力甚至是財力。但由於他們過分強調外在的形象，總會給人造成一種不自然的感覺。

(7) 喜歡化帶有異國色彩妝感的人

他們有著比較豐富的想像力，體內有很多藝術細胞，希望自己能夠成為一個藝術家。他們嚮往自由，渴望過一種無拘無束的生活。他們常常會有許多獨特的讓人吃驚的想法，是個完美

主義者。

(8)無論在什麼時候，哪怕是出門到信箱裡去拿一封信或是一份報紙也要化妝的人

他們多對自己沒有自信，企圖藉化妝來掩飾自己在某一方面的缺陷。他們善於把真實的自己掩蔽起來。

(9)在化妝的時候特別強調某一部位的人

他們多對自己有相當清楚的認知，知道自己的優點在哪裡，更知道自己的缺點在哪裡，尤其懂得如何揚長避短。他們多對自己充滿自信，相信經過努力一定能夠實現自己的理想。他們很現實和實際，並不是生活在虛無飄渺的幻想中的一類人。他們在為人處世等各個方面都非常果斷，並且能保持沉著、冷靜的態度。

(10)喜歡化淡妝的人

他們追求的目的是看起來說得過去就可以了，並不要特別突出自己，這一點與他們的性格很相符。他們的自我表現欲望並不是很強，有時甚至非常不願意讓他人注意到自己。這一類型的人有很多都是相當聰明和智慧的，也會獲得一定的成就。他們擁有自己的絕對隱私，並且希望能夠在這一點上得到他人的尊重和理解。

(11) 從來都不化妝的人

他們更在乎的多是「清水出芙蓉，天然去雕飾」，追求一種自然美。這一類型的人對任何事物都不局限在表層膚淺的認識，而是更看重實質的東西。在他們心裡有非常強烈的平等觀念，並且不斷追求和爭取平等。

9　香水——聞香味識人

常說「聞香識女人」，這實在是經驗之談。何故？因為一個人對有某種香味的偏好，常常是這個人潛意識的外在表現。當然，從香味不僅能識女人心，只要弄明白了香味跟人性格之間的關係，相信任何人的「心」都逃不過你的「鼻子」。

使用香味清淡香水的人，這種人性格比較內向、孤僻，不善與人交際，寡言少語，多愁善感，心思細膩，喜歡一成不變的生活，多半是沒有自我主張的老實人。不論對什麼事，都抱著不勉強的態度。對於他人，總是盡量配合。因此，很少有被人嫌、被人責罵的情形發生。與異性交往時，也是努力配合對方。

使用香味濃烈的香水的人，這種人個性張揚，有極強的表現欲望，非常自信，並且有著明確的自我主張，處處顯示自我。富有冒險精神，常向新事物挑戰，對流行也很敏感，多半是嫉

妒心強的人。

使用一流名牌香水的人，這種人性格外向，喜歡向人展示自己的與眾不同之處，追求富有刺激的生活，討厭平凡，喜歡賣弄智慧和氣質，這是具有菁英意識的人。在談吐和舉止上表現得很高雅。

使用一般香水的人，這種人性格隨和、感情豐富、對人真誠、喜歡思考，是個很有思想的老實人，在哲學、宗教方面頗有研究。這種人很受同性朋友歡迎，只要有他們在場，氣氛就會很熱烈，與他們聊天總是件令人愉快的事。

不噴香水的人，這種人性格放蕩不羈，任意妄為，不受人管制和束縛，是個我行我素的自然派。他們認為只要有香皂、洗髮精的香味就夠了，屬於乾脆、爽快的類型。此種人也不會追求少女式的夢想和浪漫，是自然主義者。有很廣的交際，是可以依賴的類型。

第六章　細枝末節，一分鐘摸透對方心理

一個人的心理微妙變化往往就是在不經意的細節當中表露出來，即使那些隱蔽得很深或以相反的行為模式表達出來的一種行為方式，也會在細枝末節間流露出蛛絲馬跡。正如一滴水可以折射出太陽的光輝，如果仔細閱讀，我們可以在較短的時間裡識別各種人。

1　從細微之處，揣摩心理

認識一個人，主要是認識這個人的內心，內心是看不見的，所以我們就要抓住他所表現出來的外在的東西，來看破他的內在活動，這就是看透對方心理的藝術。

看透對方心理的藝術，是心理學研究目標之一。但是，這種藝術不能只靠理論來解決，因為人不是傀儡，不會按照他人所預定的計畫去行動，必須配合實際生活中人與人之間微妙的關係來進行。

透過察言觀色來揣摩對方的行為，你可以仔細觀察對方的舉止言談，捕捉其內心活動的蛛絲馬跡；也可以揣摩對方的狀態神情，探索引發這類行為的心理因素。

崇德七年（西元一六四二年），明朝大將洪承疇在松山戰敗被俘。皇太極極力勸其投降，但洪承疇誓死不降，罵不絕口，表示只求速死。皇太極無可奈何，只得煩勞范文程前往勸降。范文程是清王朝的開國元勳，著名的謀略家，宋朝名臣范仲淹的後代，祖輩移居瀋陽。他原是明朝落第秀才，滿腹經綸，有智謀、有遠見。努爾哈赤興起後，范文程在撫順謁見他，對策論學，縱橫古今，受到努爾哈赤的重視。

范文程去看望洪承疇，且不提起勸降之事，只是天南海北、說古道今隨便閒談，從中察言觀色。說話中，梁上積塵落在洪承疇衣襟上，洪承疇這個決意將死之人，卻幾次輕輕將落塵拂去。這個下意識的動作，他人不會留意，卻逃不脫明察秋毫的范文程的目光。他由此判定洪承疇必可說降。他向皇太極鑾報告說：「我看洪承疇是不會死的。他連自己的衣服都那麼愛惜，更何況自己的性命呢！」

皇太極聞聽此言大喜，若是洪承疇鬆懈，對他統一中原十分有利，果然事情不出范文程的預料，經過孝莊皇后美人計和巧妙耐心的勸降活動，一向自視為明朝最後一位忠臣的洪承疇，最終還是俯首就範了。范文程由表及裡，觀察入微的識人之術，透過仔細觀察外部特徵，推測其心理活動，達到神奇絕妙的地步。

在這個故事裡，透過范文程神奇的由表及裡的洞察，瞬間透視了對方的心理。真正的察人高手，往往就是從別人不注意或很小的事物能看出很多的東西來。

楚國有一個人，涉嫌犯罪，雖然宰相調查了三年，可是一直都不能判他的罪。他很想知道宰相的心思，但是身為嫌疑犯，又不好直接去問宰相。他忐忑不安，心想：「我到底有沒有罪

呢？如果我有罪，我的房產一定會被沒收，為什麼宰相一直沒有採取行動呢？」他想了很久，最後終於想到了一個辦法去試探宰相的心意。

他拜託一位跟宰相很有交情的人去辦這事。那個人見了宰相脫口就說：「那嫌疑犯的房子能不能讓給我住呢？」他想如果宰相答應了，就表示這個人有罪，但是宰相搖搖頭說：「不！這個人沒有罪，這幢房子不能讓給你。」當那個人要離開的時候，宰相暗叫一聲：「糟了！」肯定是那個人讓他來試探虛實的，宰相連忙問自己朋友，是不是受人之託來摸底的，那個人佯裝不知情，推說沒有。但實際上，宰相已經輸了一著，宰相一心盯著那個可能犯罪的人，卻沒能防衛他四處出擊，從另一個角度，終於讓他摸清事情嚴重到什麼程度。

透過對一個人的氣質、個性、品格、學識、修養、閱歷、生活，以及情緒活動特徵，可以看出一個人內心深處的潛意識舉動。就像柯南道爾筆下的福爾摩斯偵探，會注意對方為人所疏忽的「特徵」。譬如，從對方的右手中指上有老繭，指頭上沾有墨水，衣服的肘部磨得油光，可推測該人在辦公室工作；又如看對方的背影，右肩下垂而且身上發出消毒藥水的臭味，則揣測是牙醫。有經驗的推銷員或店員，通常是鑑別初次見面者身分的天才。

在歷史上，就有這樣的例子：

齊桓公上朝與管仲商討伐衛的事，退朝後回後宮。衛姬一望見國君，立刻走下堂一再跪

拜，替衛君請罪。桓公問她什麼緣故，她說：「妾看見君王進來時，步伐高邁，神氣豪強，有討伐他國的心志。看見妾後，面相改變，一定是要討伐衛國。」

第二天，桓公上朝，謙讓引進管仲。管仲說：「君王取消伐衛的計畫了嗎？」桓公說：「仲公怎麼知道的？」管仲說：「君王上朝時，態度謙讓，語氣緩慢，看見微臣時面露慚愧，微臣因此知道。」

齊桓公與管仲商討伐莒，計畫尚未發布卻已舉國皆知。桓公覺得奇怪，就問管仲。管仲說：「國內必定有聖人。」桓公嘆息說：「白天來王宮的役夫中，有位拿著木杵而向上看的，想必就是此人。」於是命令役夫再回來做工，而且不可找人頂替。

不久，拿木杵的人被找來。管仲說：「是你說我國要伐莒的嗎？」他回答：「是的。」管仲說：「我不曾說到要伐莒，你為什麼說我國要伐莒呢？」他回答：「君子善於策謀，小人善於臆測，所以小民私自猜測。我看君王和你站高台之上，他精神飽滿，舉止興奮，這是準備打仗的表現，他手指的方向又是莒國的位置，不服的只有莒國了，所以這麼想。」

潛藏在人內心的衝動、欲望、想法，都會透過言行表露出來，所以要了解對方意圖可藉觀察言行來讀懂他的心思，是一種比較準確的識人大法。

2 從抽菸方式來看人

雖然抽菸有害健康，但許多人依舊我行我素。抽菸是一種冒險，一個人如何冒險？又為什麼要冒險？不同的人對香菸持有不同看法，我們可以從他們對香菸的態度上識別對方。

（1）喜歡抽低焦油量菸者意志不堅定

喜歡低焦油含量香菸的人，大多都是懂得吸菸的害處，想把菸戒掉，但又控制不住自己，所以選擇低焦油含量。這一類型人缺乏必要的果斷力，凡事不能雷厲風行做出決定，總是想著要兼顧兩者，不肯也不輕易放棄什麼，多打算採用居中的辦法使事情得以解決。這種人的意志和信念並不堅定，在遇到挫折和磨難的時候，總能為自己找到許多理由和藉口尋一條退路。

（2）喜歡抽無濾嘴菸者誠實

喜歡無濾嘴香菸的人多誠實可信，為人處世比較腳踏實地，人格魅力很突出。他們是很現實的人，不會把時間和精力花費在一些沒有意義的事情上面。但對於某件事不盡如人意的結果，他們也會感到深深的懊惱。

（3）喜歡捲菸抽者固執

喜歡自己捲菸的人，一種是經濟落後的原因所致。另一種是熱衷於自己捲菸，這樣的人多

有耐性，但很固執，並不會輕易接受他人的建議和忠告。

（4）喜歡用菸嘴抽菸的人不自信

喜歡用菸嘴抽菸的人，有非常強烈的表現欲望和虛榮心，這種人缺乏一定的安全感，所以要與他人保持一定的距離才會覺得比較自在。這樣的人也沒有十足的自信心，他們在很多時候會故意營造出一種假象，使自己看起來成熟老練一點，以混淆視聽。

（5）在電梯裡抽菸者自私

喜歡在電梯裡抽菸是一種展現權力和控制欲的方法。如果一個人需要用這種方式獲得自我滿足的話，顯示他是一個私心相對比較重的人，為自己考慮得多，而基本上不為他人著想。他們習慣於以一種藐視的態度來確定自己的地位。這樣會讓他人感覺到很不舒服，所以這一類型的人並不容易營造出良好的人際關係。

（6）喜歡抽外國菸者虛榮

沒有在國外生活的歷史，卻對外國菸情有獨鍾，而且養成了抽外國菸的習慣，對這種類型的人最好的解釋就是這個人表現欲望和虛榮心比較強，愛出風頭以吸引別人的目光。他們會在各個方面不斷嚴格要求自己，以達到無懈可擊的完善、完美程度。

（7）把菸深深吸進肺裡的人占有欲強

喜歡讓一種經驗長久持續下去，企圖榨乾生命中的一點一滴。他總是大口含著菸，深深一吸。他討厭原有的一切離開自己，討厭眼看著事情結束。不幸的是，這種事情在他自己身上經常發生。

（8）做愛後抽菸的人複雜

抽菸可以打斷瞬間的情緒，也可以隱藏不自在的情感。在做愛之後，以抽菸來放鬆心情，表示性行為帶給自己緊張的情緒。也許自己不願伴侶知道自己的某種想法或感覺，也可能他壓抑了自己某種想法或感覺。在這時候抽菸，可以掩飾其他可能被性行為所喚醒的更深層需求。長時間的親密令他害怕，然而，一旦這樣的關係真的發生了，他可能覺得自己必須讓這樣的關係持續下去。

3　房間裝飾，透視出一個人的性格

一提到房間，我們首先想到的就是臥室。臥室可能是整套房子中最私人的空間，你可以完全根據自己的喜好來進行臥室設計，不必去考慮別人的看法。而且從你的設計、裝飾中，還能透視你的個人性格。

如何把這一有限的私人空間按照自己的想法加以充分裝飾，使其達到最佳的效果？這往往取決於臥室主人的聰明才智。所以，要想把臥室裝飾得恰到好處，就必須要在每一件飾物的選擇上花些精力。可以說，每一件小飾物都凝聚著主人的心思。

因此，我們能夠從臥室的裝飾和擺設中，看出主人是一個什麼樣的人，個人的性格如何？

臥室是生活的中心，它的用途很多，既可以用來吃飯、睡覺，又可以用來娛樂。此類型的人，多是性格比較外向的，他們希望自己能夠對他人多些了解，同時也希望他人對自己多一些了解。他們樂於把自己的幸福和快樂與他人一起分享，同時又能夠分享他人的快樂，也能分擔他人的痛苦。他們渴望能夠擁有一個真正屬於自己的私人空間，然後可以隨心所欲做一些自己喜歡做的事情。這一類型的人，他們十分善於自我調整，使其挫敗感降到最低的限度，讓自己能夠以最快的速度重新站起來，但他們的自信心不是特別強。

在現實生活中，幾乎每一個人都有自己崇拜的偶像，有些人會在自己的臥室裡貼滿偶像的海報，這樣就可以和自己喜歡的偶像近距離接觸了。這種類型的人，有一些不注重實際，常常會放棄一些唾手可得的東西，反而花大精力去追求那些遙不可及的東西。他們性格多多少少又有些孤僻。正因為如此，他們常常貶低自己，抬高別人，經常覺得自己處處不如人，嚴重缺乏自信。

只把房間當做睡覺場所的人，他們的臥室能經常保持整潔、樸素，任何一件東西都有其特定的空間和固定不變的位置。他們的性格與臥室有著相似之處，決定了他們在為人處世方面具有一定的規律性，而且他們懂得控制自己的情緒，不允許自己的情緒波動大。他們不會輕易發怒。

有些人的臥室雖然裝飾得美輪美奐，但卻缺少鮮明的個人特色，這說明這間臥室的主人過於拘泥於形式和規律的羈絆，不能放開手腳，自由活動。他們往往否定自己，缺乏自信。

有些人，喜歡在自己的臥室裡擺放各式各樣的玩具以及健身器材，這一類型的人，大多性格比較外向，他們為人親切熱情，態度和藹，而且還具有一定的同情心。

還有些人，在臥室裡保留許多童年時代留下來的東西，比如有紀念意義的物品，甚至是自己上學時得過的獎狀等等。這一類型的人，懷舊情結比較重，常常會因此陷入到過去的某種情境中而無法自拔。他們像永遠長不大的孩子，樂於接受父母、親人、朋友的保護、約束以及限制等。他們有較強的依賴心理，缺乏獨立自主的冒險意識，樂於過目前這種逍遙自在、衣食無憂的日子。

房間裝飾與人們的心理變化極為密切，快節奏的生活步伐使人們更加注意美化環境，注重追求個性化的生活空間。

4 座位選擇，反映一個人的心理

餐廳、咖啡館、會議室等等，在這些地方，你喜歡坐在哪個位置呢？透過不同的位置，我們可以大致判斷一個人的個性。

(1) 喜歡坐前排的人容易成功

有一位教育學家王教授做過這樣一項試驗。十年前，王教授曾要求他的學生毫無順序進入了一個寬敞的大禮堂，並獨自找個座位坐下。反覆幾次後，教授發現有的學生總愛坐前排，有的學生則盲目隨意，四處都坐，還有一些學生似乎特別鍾情於後面的位置。教授分別記下他們的名字。

十年後，教授對他們的調查結果顯示：愛坐前排的學生中，成功的比例高出其他兩類學生很多。教授還講到他之所以被很多大型公司視為「人才伯樂」，就是應用了這個結論。教授受託為某公司招聘人才時，總會莫名其妙讓那些應聘者選座位。

教授總結說：「其實，那些應聘者知識實力相差無幾，我哪裡知道誰是千里馬，我不過知道誰愛坐前排罷了。」最後，教授的結論是：不是說一定要搶坐前排，而是說這種積極向上的心態十分重要。在漫長的人生中，人們一定要有「永爭第一」的精神狀態，才會不斷進步，達

到事業的高峰！確實，「永遠都要坐前排」是一種積極的人生態度，能激發你一往無前的勇氣和爭創一流的欲望。

一位哲人說過：無論做什麼事情，你的態度決定你的高度。「永遠都要坐前排」是一種積極的人生態度，這種態度能激發一往無前的勇氣，從而獲得成功。

(2) 喜歡靠窗邊位置的人平凡

偏好明亮位置，喜歡靠窗邊位置的人，其個性屬於普通平凡的類型。避開出入口及洗手間附近，盡可能遠離喧鬧嘈雜的客人，這類人的個性也不特別突出。而有些人在無意識中，自然會走向裝飾有美麗花朵附近的座位，這是比較一般的情形。

(3) 喜歡中央位置的人以自我為中心

刻意挑選房間正中央座位的人，似乎不多見。這種人是屬於自我表現欲強烈的類型，他們的話題總是以自我為中心，對他人的事漠不關心，聊天時不斷強迫別人聽自己說話，而自己卻總是忽略他人的意見，不顧他人的感受。當店裡客人多了起來，而被要求併桌一起坐時，他們會很明顯表露出厭惡、不滿的態度。或者，當他們點了奶茶，服務生卻不小心弄錯，端來檸檬紅茶時，他們會馬上提出強烈的抗議，絕不是隨和、好溝通的類型。喜歡坐在入口處附近的人，屬於個性急躁的類型。他們對於周圍環境觀察入微，生活態度相當認真，永遠閒不下來，

喜歡到處走動，樂於照顧他人、替他人服務。

（4）喜歡面向牆壁的人孤傲

偏好靠牆或附近的座位，而且喜歡面向牆壁、背對其他客人的人，顯示出他們不想和別人有任何瓜葛的心態。背對著其他的客人顯得孤傲，熱衷埋頭於自己的世界，無視於外界的存在。

（5）喜歡背靠牆壁的人普通

同樣選擇靠近牆壁的座位，但喜歡背對牆壁、面對店內客人而坐的人，應該算是很普通的類型！人們會將背部貼著牆壁，是一種十分尋常的心理反應。因為背靠著牆壁，我們便不需要擔心背後是否會有敵人偷襲，而又可以眼觀六路、耳聽八方，注意周圍的動靜。對一般人來說，由於背部沒有長眼睛，很難注意到有什麼事情發生，因此將背靠著牆壁，是一種能令人安心的本能反應。

（6）喜歡角落位置的人喜歡安定

盡可能選擇角落位置的人，也是因為這個位置能夠一眼就看清店內全景，對自己來說是最安全的位置。坐在這個位置，可以完全掌握出入的人物，既不會受他人注意又能仔細觀察他人。大致而言，這種人追求一種安定、穩妥的生活。由於他們習慣做一個旁觀者，基本上缺乏

決策的能力，以及作為一位領導者應有的積極態度。因此，與其要他做一位領導者，還不如請他當顧問來得更加適合。

5 從付款方式，看人內心世界

採用什麼樣的付款方式，這在很大程度上和處理生活中其他的瑣事有相似之處，從中也可以觀察出一個人的性格。人們在花錢的時候表現出不勝枚舉的行為舉止，透視出一個人的真實性格。

(1) 喜歡親自付款的人

他們大多比較傳統和保守，對新鮮事物的接受能力比較差，而偏重於循規蹈矩，守著一些過時的東西，缺乏冒險精神。他們缺乏安全感，有自卑心理，但又極希望獲得他人的肯定和認同。凡事他們只有親自參與，才會覺得有所保障。

(2) 由他人付款的人

由他人付款的人，他們的生活已經達到了一個很高的層次，終於有人替自己處理這件生活中的麻煩事了。由於要維持花銷，他們把時間通常安排得非常緊迫，根本沒有餘暇做其他事。他們可能在一年後查閱帳單，之後會因為總計的數目驚訝和氣憤，但正如先前所說的那樣，時間太寶貴了，他們沒過多長時間就會忘記此事。

把付款的任務推給別人，這一類型的人常無法堅持自己的原則和立場，而習慣於服從和聽命於他人、被他人領導。他們的責任心並不強，常會找理由和藉口為自己進行開脫，在挫折和困難面前，會膽怯、退縮。

(3) 採用電話付費服務的人

對新鮮事物容易接受，並懂得利用它們為自己服務，但由於對某些東西的依賴性太強，常常會使他們喪失一些自我的主動權而受控於人。除此以外，他們對別人是有很強的信任感的。

(4) 按時付款的人

按時付款的人，通常在月初會將所有的帳單付清。他們是非常具有責任感的人，畢生都按照個人原則行事。在固定的時日將賬款付清，可以有如釋重負的感覺，同時還有一些成就感。他們深得房東的信任，所以房東會主動和他們打招呼，並為他們提供便利的生活條件。正是由於沒有逃賬的心理壓力，所以他們能夠集中精力從事自己喜歡做的事情。

收到帳單以後就立即付款的人，多是很有魄力的，凡事說到做到，拿得起放得下，當機立斷，從來不拖泥帶水。他們的個性獨立，為人真誠坦率，無論哪一方面，從來不希望自己欠他人的，倒是可以他人欠自己的。

(5)主動付款的人

主動付款的人，沒有安全感，害怕對方登門討錢，同時把欠債當成一種自卑，擔心會被旁觀者瞧不起。他們屬於積極主動型，辦事都要切身體驗方能認可自己成敗與否。

(6)被動付款的人

被動付款的人，最討厭付款，如果有其他的選擇，他們保證不會付出一分一毫。他們喜歡別人在付出辛苦工作之後再獲得報酬，結果自己付款如同支付服務費一樣。他們不喜歡將自己的東西給別人，特別是錢財，更想保護好。他們喜歡生活在危險的邊緣，喜歡應付眼前的麻煩，每拖一天欠款，就會有一天的欣喜。

(7)立刻付款的人

立刻付款的人，討厭欠債，喜歡乾脆俐落，認為欠帳如同別人把利刃架到自己的脖子上，所以必須立刻解決。在財務上如此，在感情上更是毫不含糊，他們有著獨立自主的個性，做事從不拖泥帶水，但也經常因為缺乏周密的考慮而追悔莫及。

(8)能拖多久就拖多久

這一類型的人多有占便宜的心理，比較自私，缺乏公平的觀念，總是想著自己少付出或是不付出就得到盡可能多的回報。他們在一般情況下不會輕易去關心和幫助別人，對人雖不算太

冷淡，但也算不上熱情。

(9) 拆東牆補西牆的人

拆東牆補西牆的人，是指從一個人手中借來錢後還給另一個人，他們會覺得這是個非常聰明的辦法。但他們不得不面對超支的窘況，而且要維護自己在親朋好友中的形象，否則就沒地方借錢了。也有一些人僥倖在去世後還欠著很多債，於是這些人成為後來者的偶像和榜樣。

(10) 沒款可付的人

沒款可付的人，討厭工作，不喜歡為了工作而使自己過度勞累和「浪費」過多的時間。他們通常都在做這樣的夢：閉上眼睛想像自己需要什麼，之後睜開眼睛所要的東西會立刻出現在眼前。他們確實需要購進很多東西，如果他們將花費在幻想上的時間用於努力工作，那麼他們會過得很愉快。

6 從處理文件的方式，看一個人的性格

美國人一直致力於研究什麼樣的工作環境可以創造出最高的工作效率。在研究過程當中，一位效率研究專家卻發現辦公桌上的文件通常可以展現出他們的某些性格特徵。

（1）散放文件的人

這種人文件不分主次，這裡一堆，那裡一堆，像是要搬家似的。他們辦事有一定的盲目性，做工作難以善始善終；自我控制能力差，無法調節自己的情緒和習性適應新的外部環境；雖然接受工作的時候顯得很痛快，但完成工作就沒那麼容易了。

（2）堆放文件的人

文件資料堆放得亂七八糟，每找一份文件都要翻天覆地。他們工作能力較差，常常事倍功半；辦事缺乏條理性，無法循序漸進，也少有責任心，缺乏持之以恆的毅力，應該重新接受培訓，或改做其他與之能力性格相近的工作。

（3）亂塞文件的人

不要被他們乾淨的桌面迷惑住，也不用親自查看桌面上是否有灰塵，只要拉開他們的辦公桌一切就都可以明瞭。他們的辦公桌裡亂七八糟，什麼東西都有，根本讓人分不清是雜貨店還是辦公桌。他們多半華而不實、機智靈活、喜歡耍些小聰明，過度注重外觀，善於鑽營，不太值得信任。

（4）認真整理文件的人

不管是桌面上，還是辦公桌裡，所有的文件材料都收拾得整整齊齊，而且分門別類。他們

辦事條理清晰，有很強的組織和操作能力，所以通常辦事效率都很高；責任心強，凡事小心謹慎，認真負責，而且精益求精。缺點是沒有開拓進取的魄力，創新能力也較差。

7 受表揚時的態度，暴露一個人的心理

表揚是對一個人成績的肯定，是人人都期求的一種外界反應，受到表揚的人往往會得到心靈上的愉悅和滿足。而一個人在接受表揚的時候所產生的反應，也能暴露出一個人的心理。

(1) 不敢相信的人

聽到讚揚的話，他們會用一副非常驚喜的樣子來表達自己的喜悅。他們憨厚淳樸，不喜歡與別人產生矛盾，經常損失自己的利益來換得安寧；喜歡參加群體活動，交往過程中的大度和慷慨讓他們與別人建立起良好的人際關係，他們與他人能夠相處得非常融洽。

(2) 受到表揚就害羞的人

受到表揚的時候面紅耳赤，顯得很靦腆。他們溫順敏感、感情脆弱，別人的責罵很容易讓他們受到傷害，更經受不住意外的打擊；富有同情心，注意他人的感受，不會用言語或行動主動攻擊他人。

（3）相互讚揚的人

聽到別人的表揚，他們立刻會用相應的表揚話語回敬，讓對方有被回報的感受；不喜歡依附他人，對自己和生活充滿了自信；在人際交往過程中，最講究平等互利，和他們交往可以毫無後顧之憂，既不必擔心吃虧，也不會產生占他們便宜的念頭。

（4）極力否定的人

經常用詼諧的話語回敬別人的表揚，有時否定對自己的表揚。他們不喜歡團體活動，不願受到他人的干擾，將眾多的精力和時間用於維護自己的獨立空間上；幽默含蓄，但又略顯放蕩不羈，其實這是他們故意封閉自己的一種手段，他們通常不會和別人建立起深厚的情誼。

（5）無動於衷的人

聽到表揚，彷彿聽到風聲一樣無動於衷。他們在工作當中兢兢業業，不喜歡因為受到別人的注意而浪費時間和精力。他們對待身邊的事情保持一種順其自然的態度，不喜歡爭強好勝；奉獻是對他們的高度評價，他們寧願獨處一室進行研究和創造，也不願加入煩亂的團體生活當中。

（6）來者不拒的人

這種人會在接受別人表揚的時候用適當的好話稱頌對方。他們心地單純，好助人為樂，經常設身處地為他人著想，能夠對別人的優點給予肯定，別人非常願意和他們相處；慷慨大方，能夠給予朋友及時有效的援助，和他們共渡難關。

（7）心平氣和的人

對於表揚自己的人，能恰到好處表達出由衷的感謝，給對方彬彬有禮的感覺。他們穩重踏實，注重實際，講究實效，富有進取心，善於韜光養晦，經常出其不意給人以驚喜；有著獨立的行事原則，能夠按照預定的目標堅持不懈努力，不受外界環境影響，更不會招搖過市、不可一世。

（8）心不在焉的人

別人的表揚並不被他們所注意，他們根本沒有心情為表揚浪費過多的時間，所以總是找其他的話語來改變話題。他們反應靈活、機智聰明而且才華橫溢，富有眼光，既現實又幹練。自信和狂放不羈是他們最明顯的性格特徵，他們對名利不過度追求，有成就豐功偉績的可能。

8　送禮物的方式，流露著個性

隨著社會的發展，人際交往日益頻繁，互相送禮物是比較常見的事情。在互相送禮物時，人們都有屬於自己的方式，這種方式也能流露出一個人的個性。

在日常交往中，我們經常會收到別人的一份禮物，有時候也送禮物給別人。我們送禮物的目的在很多時候是不盡相同的，有的可能是對某人表示自己發自內心的真摯祝福，讓對方感受到自己的這份心意；但有的很可能卻是一種人際交往的必需，大家都送禮物，唯獨自己不送不好，所以也要送，這純粹是走走形式的問題。但是無論哪一種送禮，送禮者都會選擇一份非常合適的、能表現自己情意的禮物。選擇什麼樣的禮物，不同的人自然也不會相同，這從某種程度可以說是由人的性格所決定的。

花比較少的錢選購禮物，這樣的人總是不斷追求一些表面層次的東西，希望能給人造成一種錯覺，相信這是內在實質上的東西。諸如，有些人並不十分想念某一位朋友，但卻會買一些很便宜，但看起來還像那麼一回事的東西送給對方，告訴對方自已是多麼惦記著他。這一類型的人常常會衝動，做事沒有計畫，意氣用事，花費許多時間、精力和金錢，可是結果卻做了一些沒有實質意義的事情。他們的心胸不算太開闊，常為一些小事耿耿於懷、不停計較，他們總是希望付出很少就能得到很多的回報。

在選購禮物時總是選擇非常實用的東西的人，這一類型的人是非常現實的，儘管他們非常希望浪漫一下——製造出一些意外的驚喜，既愉悅自己，同時也取悅他人——可是又由於受到各方面條件的限制，比如說經濟條件，他們便放棄了這一打算，安於實實在在的生活。他們

8 送禮物的方式，流露著個性

是注重生活實際的，所以也常常以同樣的標準去要求別人，可結果卻並不如意。就因為太現實了，生活如一潭死水，只為生存而生活，和他人的矛盾時有發生。

與現實的人相反的是非常浪漫的人，他們在選擇禮物的時候，常常要花費很多的心思。他們總想製造一些預料之外的驚喜，多數時候會達到自己的目的。正是因為這份浪漫，他們會得到很多人的喜歡。可是他們大多只能生活在衣食無憂的富足家庭裡，但是，不可能每一個家庭都那麼富有，所以他們雖然在外表上很風光，內心卻十分空虛。

有的人在選擇禮物時，總是希望能找到帶有一些幽默感的東西，能讓人笑起來，這一類型的人，是十分熱情和親切的，為人也比較隨和，而且他們很聰明和智慧。他們的感覺很敏銳，能洞察到別人的內心世界，但又不擅長表達自己的真實想法。他們通常是很守信用的，只要是答應別人的事情，多會努力辦成，而不讓對方失望。

他們選擇的禮物必須獨特，想要引起其他人極大的注意，並為此不惜花費鉅資，這一類型的人送禮物的目的不在於禮物本身，更主要的是想表現自己。他們個人的性格，就像所送的禮物一樣，獨特而又引人注目。他們的表現欲望總是特別的強烈，時刻希望自己成為眾人談論的焦點。他們有勃勃的野心，希望能有一番大的成就。

在送禮物時選擇送花木的人，多是缺乏自信，而有些依賴性的。他們總是不斷懷疑自己、

否定自己，對於自己提出的一項很好的建議，也會覺得沒有把握。他們經常把希望寄託在別人身上，想去取悅別人。他們沒有太多開拓、創新的膽識和魄力，所以很多時候都是隨波逐流，做好好先生、好好小姐，以保持中立。這樣，無論發生什麼事情，他們都不會負全部或是主要的責任。

憑自己的喜好送禮物的人，他們習慣於選擇一件自己想要的禮物送給他人。這一類型的人，多是比較自私的，凡事喜歡從自己的角度和立場出發去考慮問題，而顧及不到別人的感受。同時，他們的目光是短淺的，只著眼於現在，卻不能放眼將來。這樣的人大多有一定的自信心，所以儘管有時候他們對人很苛刻，甚至蠻橫無禮，但還是能夠達到自己的目的。他們很少去考慮別人的想法，總是以自己的思想和標準去衡量和要求他人。有很多事情，雖然他們感覺到別人對自己十分不滿，卻往往意識不到自身所存在的缺點。他們有很強的嫉妒心理，很難容忍他人獲得比自己大的成就。他們很在意關係到自身利益的任何事情，自己不肯吃一點點的虧。

還有一些人，他們在送禮的時候，往往認為花的錢越多，就越有價值、有意義。所以他們常常會忽略所送的禮物與要送給的人是否合適，而選擇非常奢侈和豪華的禮物。這樣的人大多是比較愛面子，有些不切實際，而且他們的邏輯思辨能力似乎也不是很強。

喜歡自製禮物送給別人的人，大多是很有些個人特色的，也就是說他們的性格比較突出，他們的想像力和創造力也不錯，常會有一些發明創造。他們很勤勞，願意享受自己動手製作的工作成果。他們很看重家庭，思想比較傳統和保守，對人較親切和隨和，富有同情心，在經濟條件允許的情況下，會盡自己最大的努力去關心和幫助他人。他們常懷有很強的自信心。

9　握手也能握出個性

握手，是現代社會中人與人交往一種較為普遍的禮節。雖然只是簡單的一握，但這其中卻也有很大的學問。有專家研究顯示，握手可以反映出一個人的很多資訊。透過握手的方式也可以觀察出一個人的性格特徵。

行為是心理的表現，這一點還可以從手的表現上看出來。從「握手」、「易如反掌」、「袖手旁觀」等字句的探討可以發現，握手是表現人際關係最有力的情感傳達工具，利用手與手的關係，或是手的動作便可易如反掌解讀出對方的心理，並且還可以將自己的意思傳達給對方。

握手不僅僅是一種禮節，更主要的是在握手的一瞬間有可能識破對方的性格。從這個意義上說，握手不僅僅是一種禮貌行為，而且還是傳達人際資訊的重要方法，因此觀察握手也是「察人」的重要途徑。

握手時的力量很大，甚至讓對方有疼痛的感覺，這種人多是逞強而又自負的。但這種握手的方式在一定程度上又說明了握手者的內心比較真誠和煽情。同時，他們的性格也是坦率而又堅強的。

握手時顯得不甚積極主動，手臂呈彎曲狀態，並往自身貼近，這種人多是小心謹慎、封閉保守的。

握手時只是輕輕的一接觸，握得不緊，也沒有力量，這種人多屬於內向型人，他們時常悲觀，情緒低落。

握手時顯得遲疑，多是在對方伸出手以後，自己猶豫一會兒，才慢慢把手遞過去。排除掉一些特殊的情況外，在握手時有這種表現的人，性格多內向，且缺少判斷力，不夠果斷。

不把握手當成表示友好的一種方式，而把它看成是例行的公事，這顯示此種人做事草率，缺乏足夠的誠意，並不值得深交。

一個人握著另外一個人的手，握了很長的時間還沒有收回，這是一種測驗支配力的方法。如果其中一個人先把手抽出、收回，說明他沒有另外一個人有耐力。相反，另外一個人若先抽出、收回手，則說明他的耐心不夠。總之，誰能堅持到最後，誰勝算的把握就大一點。

在與人接觸時，把對方的手握得很緊，但只握一下就馬上拿開了。這樣的人在與人交往中

多能夠處理各種關係，與每個人都好像很友善，可以做到遊刃有餘。但這可能只是一種外表的假象，其實在內心裡他們是非常多疑的，他們不會輕易相信任何一個人，即使別人是非常真誠和友好的，他們也會加倍提防、小心。

在握手時，非常緊張，掌心有些潮溼的人，在外表上，他們的表現冷淡、漠然，非常平靜，一副泰然自若的樣子，但是他們的內心卻是非常的不平靜。只是他們懂得用各種方法，比如說語言、姿勢等來掩飾自己內心的不安，避免暴露一些缺點和弱點。他們看起來是一副非常堅強的樣子，所以在他人眼裡，他們就是一個強人。在比較危難的時候，人們可能會把他們當成是一顆救星，但實際上，他們也非常慌亂，甚至比他人還要嚴重。

握手時顯得沒有一點力氣，好像只是為了應付一件不得不做的事情，而被迫去做的。他們在大多數時候並不是十分堅強，甚至是很軟弱的。他們做事缺乏果斷、俐落的幹勁和魄力，而顯得猶豫不決。他們希望自己能夠引起他人的注意，可實際上，其他人往往在很短的時間內就會將他們忘記。

把別人的手推回去的人，他們大多都有較強的自我防禦心理。他們常常感到缺少安全感，所以時刻都在做著準備，在別人還沒有出擊但有這方面傾向之前，自己先給予有力的回擊，占據主動。他們不會輕易讓誰真正了解自己，如果是這樣，他們的不安全感更加強烈。他們之所

以這樣，在很大程度上是由於自卑心理在作怪。他們不會去接近別人，也不會允許別人輕易接近自己。

像虎頭鉗一樣緊握著對方手的人，在絕大多數時候都顯得冷淡、漠然，有時甚至是殘酷。他們希望自己能夠征服別人、領導別人，巧妙隱藏自己，運用一些策略和技巧，在自然而然中達到自己的目的。

用雙手和別人握手的人，大多是相當熱情的，有時甚至熱情過了頭，讓人覺得無法接受。他們大多不習慣於受到某種約束和限制，而喜歡自由自在，按照自己的意願生活。他們有反傳統的叛逆性格，不太注重禮儀、社交等各方面的規矩。他們在很多時候是不太拘於小節的，只要能說得過去就可以了。

10　點菜的方式，反映一個人的心理

點菜是我們日常生活中常見的一種行為方式。由於個性的差異，人們點菜的方式也有所不同，不同的點菜方式反映的一個人從眾心理的強弱。

從眾心理用通俗的話來說就是「跟風」，比如張三見李四買了一個什麼東西，他自己也趕緊去買，而他可能對此根本不需要。

10　點菜的方式，反映一個人的心理

那麼，你身邊的人都有什麼樣的從眾心理呢？下次不妨仔細觀察一下他點菜時的表現。

一般來講，無論是與公司同事，還是與朋友一起，立刻點菜的多是公司主管或朋友中較有權威的人物。他們的權威在此時是一個最佳的表現機會，如果他們不點菜，可能沒有人會主動點菜。而且，他們的帶頭作用不僅表現在點菜上，在工作與生活上遇到問題時，他們的領導能力也會彰顯出來。

一般最後點菜的人，多為擔心被同伴拋棄，缺乏自信的人。他們不敢先於別人點，而又不敢不點，於是到了最後，他們只能是附和著大眾，不得不點菜，這樣他才能保持在大眾團體中的一席之地。

而有的人，總是會點異於同伴的食物。往往這種人表現出的「從眾心理」就較少了，他們的附和性相比較而言也較低。這類人有自信，有主見，做事特立獨行，不易受他人影響。就算自己點的菜並不是自己所喜歡的，但為了區別於他們，他們仍會故意為主。

心理學家告誡說，最好不要相信附和性高的人，若落單時很可能被這種人拋棄。附和性低者屬唯我獨尊型，可安心交往，一旦有事可以依賴；但組成團隊時，最好不予採取。自然，生活中我們要揚「從眾」的積極面，避「從眾」的消極面，努力培養和提高自己獨立思考和明辨是非的能力。遇事和看待問題，既要慎重考慮多數人的意見和做法，也要有自己的思考和

分析，從而使判斷能夠正確，並以此來決定自己的行動。凡事「從眾」或「反從眾」都是要不得的。

11 點菸遞菸，流露出一個人心理

在社會交往中，對於一些人而言遞菸和點菸是一個必不可少的禮儀環節。可別小看這個細微的動作，它也會反映某些人的一些心理特徵。

遞菸時非常禮貌，客客氣氣說著恭維的話，這說明兩人之間還很陌生，甚至存在著一定的矛盾。相互搶著遞菸，說明雙方互相尊重，都願意發展友好關係。

遞菸時隨隨便便，不計較是否禮尚往來，說明兩人交情很深；如果伸手到對方口袋裡掏菸，然後分發給別人，那麼兩人一定不分彼此，親密無間。

見人就敬菸的人，交際場中，這種人在心理上往往處於劣勢，希望透過這個共同的愛好拉近彼此間的距離，減少交往的生疏感。他們往往心懷疑慮，對對方有所求，但是又搞不清楚對方的想法是否對自己有利，所以用菸來拉近距離，希望對方能照顧自己。

有種人在給人點菸時，一定會把火柴盒的正面朝向對方，讓對方注意到火柴盒上某大型夜總會、俱樂部或餐廳的名字。實際上，他們並不見得時常到這些地方去，更不見得有錢有勢，而是在製造一種假象，事實上，他可能經常去俱樂部點上一杯蘇打水，卻乘機拿一大把紙火柴。他們很重視自己的穿著打扮，講究派頭，穿的絕對是設計師設計的衣服，實際上華而不實，難成大業。他們在人際交往上很勢利，交友浮泛，真朋友幾乎沒有。

一根火柴點兩根菸的人，不是一個大男子主義的人就是一個女強人，他們總是劃一根火柴，點燃兩根菸，然後滿不在乎把其中一根交給對方，甚至沒有問清對方是否抽菸。這種人並不見得吝嗇、節儉，反而顯示他們擁有嫻熟的社交技巧，善於冷靜把握對方。他們喜歡替別人做些小事，從而讓對方覺得需要他。當然，他只要看到別人開始為自己做事，他就會有點緊張。

點菸時打小火。這種人往往非常節儉，對自己很苛刻。他們缺乏氣度，不敢嚮往美好的生活，可以靠殘羹冷炙捱日子，活得比較窩囊。他們可能會積存一些財產，但是很難交到朋友。

點大火。這種人性格豪爽，他所做的每一件事都毫無節制而且超支，他們不怎麼為將來考慮，這就是為何他把信用額度用完，拿著首飾上當鋪的原因。還好，他們因為慷慨大方而受到很多人的歡迎，所以大多能夠在朋友的幫助下渡過難關。只是他常在幫人點菸時不小心燒到對方的鼻子。

點完菸之後喜歡玩打火機的開關，這種多餘的動作是在緩解緊張情緒，是一種內心很焦慮

的跡象。當然，這也是為何他總是在場第一個抽菸的人。這種人往往經歷不多，性格不夠沉穩，遇事容易心神不寧，給人一種元氣耗散的印象。不過，輕輕玩打火機的開關，總比臉部不斷抽搐好。

菸捲在手，只是為了把玩，偶爾放在鼻子上嗅嗅。這種人往往對自己的現狀不太滿意，希望能從縷縷清煙裡獲得一種解脫感。他們也可能陷入了困境，渴望走出困境，做一些新的嘗試。

第七章　生活習慣，一分鐘了解對方

著名牧師華理克說：「性格其實就是習慣的總和，是你習慣性的表現。」生活習慣不僅僅透露出一個人的性格，還可反映人的潛意識，反映人潛在的願望。所以，從生活習慣觀察人，如果仔細閱讀，我們可以在較短的時間裡識別各式各樣的人。

1　看辦公桌，知性情

每個人在工作的時候都有一張辦公桌，那麼在這一張桌子上，如果仔細觀察一番的話，也可以發現許多的祕密，這些祕密是什麼呢？這就是透過辦公桌所呈現出來的種種表象。

觀察一個人到底是什麼樣的性格，可以看他的辦公桌。

不管是辦公桌的桌面上，還是抽屜裡，都是整整齊齊的，各種物品都放在該放的位置上，讓人看起來有一種相當舒服的感覺，這顯示辦公桌的主人辦事是極有效率的，他們的生活也很有規律，該做什麼事情，總會在事先擬定一個計畫，這樣不至於有措手不及的難堪。他們很懂得珍惜時間，能夠精打細算用不同的時間來做更有意義的事情，而不是浪費掉。他們多有一些很高的理想和追求，並且一直在為此而努力。但是他們習慣了依照計畫做事，所以，對於一些出乎預料之外發生的事情，常常會令他們感到不知所措。在這一方面，他們的應變能力顯得稍微差一點。

在抽屜裡習慣放一些具有紀念意義的物品的人，多是比較內向的。他們不太善於交際，所以朋友不多，但僅有的幾個卻是非常要好的。他們很看重和這些人的感情，所以會分外珍惜。他們有一些懷舊情結，總是希望珍藏一些美好的回憶。但他們比較脆弱，容易受到傷害，而且做事也缺少足夠的恆心和毅力，常常會在挫折和困難面前不戰而退。

抽屜和桌面全都是亂七八糟的人，他們待人相當親切和熱情，性格也很隨和，做事通常只憑自己的喜好和一時的衝動，三分鐘熱情過後，可能就會自然而然放棄。他們缺少深謀遠慮的智慧，不會把事情考慮得太周密，也沒有什麼長遠的計畫。生活態度雖積極樂觀，但太過於隨便，不拘於小節，經常是馬馬虎虎，得過且過，不過他們的適應能力較一般人要強一點。

無論是桌面上還是抽屜裡，所有的文件都按照一定的次序和規則排好，整齊而又乾淨，這一類型的人工作很有條理性，組織能力也很強，辦事效率比較高，而且具有較強的責任心，凡事都小心謹慎，避免失誤的發生，態度相當認真。這樣的人雖然可以把屬於自己的工作做得很好，但是有一點墨守成規，缺乏冒險精神，所以不會有什麼開拓和創新。

桌面上收拾得乾淨、很整潔，但抽屜內卻是亂七八糟，這樣的人雖然有足夠的智慧，但往往不能腳踏實地的做事，喜歡耍一些小聰明，做表面文章。他們性格大多比較散漫、懶惰，為人處世並不是十分可靠。在表面上看來，他們有比較不錯的人際關係，但實際上，卻沒有幾個

人是可以真正交心的，他們也是很孤獨的一群人。

各種文件資料總是這裡放一點，那裡也放一點，沒有一點規則，而且輕重緩急不分，這樣的人大多做起事來虎頭蛇尾，總也理不出個頭緒來。他們的注意力常被一些其他的事情分散，從而無法集中在工作上，自然也很難做出優異的成績。他們也想改變自己目前的這種狀況，但是自我約束能力很差，總是向自我妥協，過後又後悔不已，可緊接著又會找各種理由來安慰自己。

桌子和抽屜裡都像是垃圾堆，找一樣東西，往往要把所有的東西全部翻遍，到最後可能還是找不到，這樣的人工作能力差，效率也極低，他們的邏輯思辨能力非常糟糕，也多缺乏足夠的責任心。

2　從刷牙的方式看性格

一個人刷牙的模樣和方式，通常是由父母教導的。因此，在刷牙時所做出的許多無意識的動作正反映出他的人生態度。

(1) 上下刷

這表示，他有很好的自我形象，而且保有幼年時代學到的許多積極的價值觀和道德觀。事

實上，他和父母之間的良好關係，成為他個人和工作上成功的主因。他擅長以一種非常不受限制的樂觀態度去從事例行工作。在別人眼裡，他是一位可以信賴、友善、快活的人，沒有什麼心計。

(2)左右刷

他早就知道這樣刷是錯誤的。那為什麼有人要用錯誤的方法刷牙呢？可能是因為這些人在成長過程中，曾和父母親有過嚴重的衝突。問題出在他目前仍在叛逆期，他總是唱反調，別人也發現他喜歡爭辯，尤其愛爭些雞毛蒜皮的瑣事。

(3)只在早上刷牙

他很在意自己留給他人的印象，而且可能非常努力依照別人的期望在過日子。大致上來說，他十分講究穿著，很懂得修飾自己，總是把最好的一面呈現在別人面前。每天早上以活力充沛的嶄新心情面對一切，是他心目中不可或缺的一部分。不過在潛意識裡，他正設法把前一晚的自己清洗乾淨。

(4)只在晚上刷牙

如果他只在晚上刷牙，那他只在乎一件事情：不要蛀牙。他是個從來不說廢話的人，喜歡以最少的精力來完成一件事，事情不必做得很完美，只要差不多即可。他通常說話算話，不多

說，也不少說。

（5）每日刷牙超過三次

這樣的行為是被迫的，因為長期缺乏安全感，就連最簡單的工作，他也要一而再、再而三檢查。每次外出赴約前，他可能花上三個小時梳妝打扮，卻仍舊認為自己不夠好看。同一件事情，他一次又一次請求別人幫他出主意，許多朋友都快被他逼瘋了。

（6）使用硬毛牙刷

使用一支會使他出血的牙刷，透露出他有一種需要接受懲罰的基本需求。基本上他相信，所有值得的事物，都必須付出痛苦和犧牲才能得到。甚至去看牙醫時，他也請醫師不要使用麻醉劑，因為他想證明自己可以忍受拔牙的痛楚。

（7）擠太多牙膏

浪費是他存在的主要目的。由於心中強烈的不安全感，他有捨棄一切的傾向，而且，他所謂的「足夠」是永遠都不夠。他極度揮霍，為的是讓自己體會到幸福的感受。他所過的生活遠超過他財力所能負擔的限度。對他而言，這些都無所謂，只要每個月信用卡的帳單能夠付清就行了。

（8）擠太少牙膏

沒有人會責怪他揮霍無度。他很節儉，找到廉價、特價商品是他畢生最大的興趣。他討厭丟掉任何東西，所以他在褲子上貼補丁，補鞋跟，重新整修家具，把所有東西都做了最有效益的使用。

（9）牙膏使用到牙膏管都捲了起來

他緊緊把握生命中的一點一滴，不單是牙膏而已。他是個吹毛求疵的人，一本正經，規規矩矩。他習慣把盤中最後一口食物吃完，不浪費任何一丁點，即使剩下，也會用塑膠袋保存好。他製造的垃圾很少，只要想到要丟東西，就令他惶恐不安。

（10）從牙膏管中間擠牙膏

他只關心眼前，不重視未來，是個及時行樂的人。他沒有銀行帳戶，如果有也只是一些股票、債券，或其他長期投資。在性愛方面，即刻的滿足通常是他建立長久關係的基礎。

3　從飲食習慣來識別人心

飲食比其他習慣更容易洩露一個人的個性，因為飲食習慣絕大部分是無意識的。我們可以從一個人吃什麼東西，吃的方式來觀察到對方的性格特徵。

（1）站著吃的人

你戴著帽子、穿著衣服，就站在開著門的冰箱前面吃東西。你很餓，需要立刻吃東西。你經常吃沒煮過的食物，咖啡還沒沖泡好就喝了。你可能是個溫柔、體貼甚至是個慷慨的人。

（2）邊煮邊吃的人

你是一個犧牲自己的人。但願你所服侍的人，曾經感謝你為他們做牛做馬。你從來沒有機會坐下來和家人一起用餐，因為如果這樣的話，那誰來侍候他們？所以，你要站在火熱的爐邊吃。讓家人高興是一件很重要的事，也是你活著的唯一目的。

（3）邊吃邊看書的人

你需要不斷補充食物才能思考。你心裡有許多的夢想和計畫，而你需要利用每一個多餘的時間去思考這一切。你做事符合經濟效益，經常為了節省時間和精力，而同時做兩、三件事。

（4）邊走邊吃的人

你在百忙中抓起一根熱狗和一杯汽水，最後再吃一根雀巢巧克力棒當做甜點。雖然你讓旁人覺得很忙碌，來去匆匆，事實上，你毫無規律，決定僅憑一時衝動，結果經常和自己的興趣相悖。由於你不善於分配自己的時間，因而替自己找了許多不必要的工作和許多消化不良的機會。

(5)應酬飯局的人

你所渴望的是人，而不是食物，所以，你進餐廳的主要理由是交際，而不是吃飯。要你單獨在當地的小酒吧裡喝酒，根本是不可能的事。任何活動，只要有人和你一起做，無論是看電影、欣賞表演，就變得有趣極了。其實，你非常需要有人陪伴。

(6)一邊看電視一邊吃的人

你不喜歡一個人吃飯，可是，你也不想和別人聊天。傳統上，吃飯時間也正是一家人聚在一起，討論一天所發生事情的時候。不過，在晚餐時間看電視，的確阻礙了人與人接觸的機會，結果，每個人都變得越來越孤獨。因此，一家人唯一可以共同分享的感受，是那些伴隨廣告而來的話題。

(7)吃飯速度很快的人

你做任何事都很快。遇上任何事，你都想立刻把它們做完。對你而言，人生只有目標，沒有過程。你不記得如何開始，無法享受到達目的的喜悅，唯一關心的是盡快著手做下一件事。

(8)細嚼慢嚥的人

你喜歡體驗咬、吸、嚼、嘗、吞等感官之樂。你不慌不忙咀嚼每一口食物，為的是盡情享受食物的味道。你以緩慢而悠閒的步調過日子，享受著歡樂的時光。世界上沒有一個侍者能夠

催你趕快把飯吃完，因為晚餐對你來說，是持續整個晚上的享受。

(9) 帶剩菜回家的人

你知道如何善用每一塊錢，會把一餐變成兩餐，今天的晚餐就是明天的午餐。你是一個缺乏安全感的人，覺得自己不斷受剝削，即使事實上你並未受到他人的剝削。你從小一直被灌輸「不浪費，不匱乏」的信條，認為只要將剩飯菜帶回家，就是不浪費、不吃虧。

(10) 在餐廳吃的人

對你而言，服務比食物重要，因為你喜歡有人侍候你。如果別人先問你，你會很樂意告訴心中真正的欲望。一旦你說出了心中的需求，便希望能夠依照你所說的實現。經常在外吃飯，可能表示你實在不善於照顧自己，而且你可能是個確定有所收穫才願意付出的人。

(11) 在家裡吃的人

你只願意對自己負責，如果別人侍候你或刻意迎合你，你便覺得渾身不自在。對你而言，適應新環境是種沉重的負擔，因此，你選擇在熟悉的環境中放鬆自己。

(12) 定時進食的人

你被訓練成每天固定在幾個時間吃東西，而且如果吃的時候正好是規定的時間，那你的心情會更好。其他時間即使挨餓你都無所謂，因為你已經掌握了自製的藝術，包括做錯事自我處罰。

(13) 要求別人給你東西吃

在你的成長過程中，只要大喊「爸！媽！我餓了！」你父母便會放下手邊的一切事情，即使到了三四十歲仍舊如此。直到現在，你仍舊沒有預先的計畫來管理自己的生活。你希望放縱享樂，得到立即的滿足，覺得這世界該把你當成唯一的小孩。

(14) 不吃早餐的人

不吃早餐可能代表兩件事：第一，你是如此熱衷自己多彩多姿的生活，使你無法為了喝一杯橙汁而暫停片刻；第二，你找到了一份令你厭惡的工作。

(15) 只吃晚餐的人

你擅長克制自己，如果達到了自己預定的目標，你一定會給自己小禮物作為獎勵。在行為方面，只要你相信對身體和心理都有正面的影響，便願意心中的喜悅、滿足感晚點到來。

(16) 好吃零食的人

食物是你的癖好、你的鎮靜劑、你的朋友、你的情人。吃東西可以平息你似乎永遠存在的焦慮，協助你放鬆心情，因此，你可以吃得很多。食物是你的支柱和依靠，一想到沒事可做，你便急急忙忙走到冰箱前，雖然你的肚子經常是飽飽的，可是你從未滿足過，因為你必須不斷

把你的不安全感吞進肚子裡。

(17)患厭食症的人

在你的身體裡，有一股探索生命的強烈欲求，而你害怕，如果這股欲求真的出現了，會毀了你。你所受的教育要你否認所有的感官經驗。你生命中的每一件事物都要盡量儉樸，你家的布置十分簡單，衣櫥很小，頭髮剪得很短。你吃的東西清淡，引不起食慾。你認為吃東西不過是一項義務，一項討厭的工作，而性愛也是一樣。

(18)喜歡吃白飯的人

經常自我陶醉，孤芳自賞；對人對事處理得體，比較通融，但互助精神差。

(19)喜歡吃麵食的人

能說會道，誇誇其談，不考慮後果及影響；意志不堅定，做事容易喪失信心。

(20)喜歡吃甜食的人

熱情開朗平易近人，但平時有些軟弱和膽小，缺乏冒險精神。

(21)喜歡吃酸的人

有事業心，但性格孤僻，不善交際，遇事愛鑽牛角尖，沒有知心朋友。

(22)喜歡吃辣的人

善於思考，有主見，吃軟不吃硬，有時愛挑剔別人身上的小毛病。

(23)喜歡吃鹹的人

待人接物穩重，有禮貌，做事有計畫，埋頭苦幹，但比較輕視人與人之間的感情，有點虛偽。

(24)喜歡吃油炸食品的人

勇於冒險，有做一番事業的願望，但受到挫折，即灰心喪氣。

(25)喜歡吃清淡食品的人

注重交際和接近他人，希望廣交朋友，不願單槍匹馬。

如果你什麼都喜歡吃，那麼你就是上述性格的綜合體。

4　從看電視的習慣推斷對方

看電視幾乎是我們生活中一項不可缺少的重要內容，透過看電視，也可以觀察出一個人的性格特點。

一邊看電視一邊做其他的一件或是幾件事情，如邊看電視邊看報紙、打毛衣或是吃東西。這固然和所看電視節目的內容有一定的關係，但也顯示，這樣的人多有很好的彈性，較容易適應各式各樣的環境。在條件允許甚至是不允許的情況下，他們都很願意向自己、向外界進行挑戰，嘗試新鮮的事物。

在看電視的時候，能夠保持精神高度的集中。這樣的人多辦事比較認真，做任何一件事情都能夠全心全意投入。而且這類人情感比較細膩，有豐富的想像力，很容易與他人產生共鳴。

在看電視的時候看著看著就睡著了。除去工作特別累，人非常疲勞的情況外，這種類型的人的性格多是隨和而又樂觀的，在挫折和困難面前，他們往往也能夠笑著坦然面對，並積極尋找各種方法，力爭到最後輕鬆解決。

一遇到自己不喜歡的節目就立即轉台。這樣的人耐力和忍受力都不是很強，但他們很懂得節儉，不會浪費時間、金錢、財力、物力等。這一類型的人獨立性很強，不屑與那種一哄而起、一哄而散的人來往。

5　從睡床看人

人的一生有三分之一的時間都在床上度過，在床上睡覺、做愛、做夢。床是與人們分享最親密想法和經驗的地方。由於一張床要能夠實現上述的目的，所以，這張床必須是安全和舒適的，它能夠反映出床主人的個性。

(1)單人床

睡單人床表示從小到大的教育方式對他的道德觀影響深遠，而且他對自己的社交關係限制得十分嚴格。他是一個保守主義者，結婚之前，不會和別人分享自己的床。

(2)四分之三的床

比單人床大一點，但比雙人床小。只要和某人同床共枕，他喜歡和對方很親近、很溫暖的窩在一起。他可能沒有伴侶，不過這段時間不會太長。他還沒準備好對某人做完全的承諾，不過，他已經準備好付出百分之七十五了。

(3)特大號床

他需要有自己的空間，而且這空間要很大很大。他需要玩耍的空間，需要逃避的空間。他不計代價避開被囚禁的感覺，為的是維持自己對自由和獨立的那份渴求。同時，只要他想和他

的同伴保持距離，隨時都可以做到。

(4)圓床

他不曉得哪一頭是床頭，其實，他也不在乎，因為這樣，生活才更有意思。既定的規則無法局限他，他喜歡把自己的床當做整個宇宙。

(5)折疊床

他可能還沒意識到，但他對已經壓抑多年的性慾，有著深切的罪惡感。他能夠放縱自己，然後再否認自己曾有過的那番經歷。每當他把床折成椅子形狀時，他所關心的只剩事業，他把自己的感情和床墊一起隱藏起來。這樣的行為，可能會令那些剛和他共度良宵的異性驚慌失措。

(6)日式榻榻米

讓自己睡在地板上，這種來自東方半斯巴達式的地板墊，有股自律的意味。它們就像地板一樣硬梆梆，而這點正合人意，因為他從來沒打算讓自己舒適自在。

(7)鏡子床

實際上他不太信任自己的情感，經常跳出來，彷彿在一旁觀察自己。有了床上方的鏡子，他才能夠讓自己相信一切真實存在。

(8)水床

這個人很善變，是個真正明白該如何「順應潮流」的人。他可以把過去的經驗完全融合在一起，使自己成為一個極度性感、令人滿意的伴侶。做愛時，他相當投入，達到忘我的境界，他忘了時間、忘了地點，完全沉溺在一波又一波的愉悅和溫暖中。

(9)銅床

床就是他的城堡。四周有精巧的金屬架，四角有四根尖尖的柱子。他覺得自己十分容易受傷，甚至在睡覺時，也需要保護，才不會受到別人的攻擊。企圖卸下這種防禦心的人，由於無法攻破這道堅實的堡壘而備感挫折。

(10)自動調整床

只要輕按一下按鈕，就可以抬高或放低頭和腳，而且可以調整出上千種位置。他是個完美主義者，無論花多少成本，費多少心力。他為人嚴苛，難以取悅，刻意塑造環境迎合自己的需求和想法，而且堅持到底，別無選擇。他不去順應別人，但別人必須適應他。

(11)早上整理床鋪

如果他通常在早上下床前就把自己的床鋪整理好，那他是個愛整潔、擅長打扮自己的人。不過，如果他每天早上都一定要把床鋪整理得漂漂亮亮。他會把浴室的每一條毛巾都疊得整整

齊齊，家中每一個角落都打掃得一塵不染，而且沙發上還蓋了一層塑膠套子。別人到家裡來，根本無法放鬆心情，因為他無時無刻不在找尋掉落的塵屑。那這個人就是有潔癖。

(12) 早上不整理床鋪

不曾有過一位像嚴格的長官一樣巡視你床鋪的父母，也不曾遇見一位像父母一樣檢查床鋪的嚴格長官。他自以為對人生的態度是如何的超然，其實，這一切反映在現實的生活裡，不過顯示出他是一個既懶惰又無紀律的人罷了。他的床變得非常邋遢，邋遢到沒有人願意睡在上面。

6 從喝酒的習慣來看人性格

在社交場合，以酒為應酬的方式最為常見。通常由飲酒可以了解對方的性格，或作為掌握理解對方心態的參考，多半也是解決問題的較好時機。雖然酒的品種和性格的關係尚無充分的調查或研究，卻可做以下的參考。

(1) 威士忌

適應性強，能充分採納旁人的意見。出人頭地願望非常強，只要有機會即渴望從中賺大錢或期待上司的認可。對待女性非常重視禮儀並表現親切。會明確表達自己的心意。不過，飲用

法有以下的不同。

喜歡喝稀釋的威士忌的人，這是最普通的男性性格，渴望能充分把自己的觀念傳達給對方，適應力非常強。

喜歡加冰塊喝的人，無法確切用詞語或表情傳達自己的心意。仔細觀察周圍的情況，易被他人意見所左右。但是，在公司裡通常是平步青雲。平常會掩飾自己的感情。

喜歡喝純威士忌的人，具男性氣概、冒險心強，討厭受形式束縛，對強權勢力帶有叛逆性。富有創造力、獨創性又具正義感。外表上對女性表示冷淡的態度，內心卻是溫柔的。

(2) 白酒

有些人偏愛烈性白酒，如果餐桌上沒有白酒則索然無味，喜愛白酒者一般富社交性而樂善好施。也有好好先生的一面，極在意對方的感受，易受吹捧，受人所託無法拒絕。對女性尤其親切，即使失敗也不在意。在公司或職場中由於關照部屬深受部屬們的愛戴，卻很難獲得上司的認可。在混亂的局面中會發揮卓越的能力。這種男性多半為了認同自己而願為對自己的能力有極大期待的人奉獻心力。雖然失敗多卻也有大成就。

(3) 洋酒

最近年輕男子間洋酒派日益增多，商店到處都有洋酒的陳列。用餐必定有洋酒，或約會中

必喝洋酒的男性極具個性。

這類男性多數追求豪華的生活，喜愛從事輝煌的工作，在服飾等方面相對挑剔。他們中有許多人有國外生活經驗，也有些人是崇尚新潮。

(4) 雞尾酒

喜好帶點甜味的雞尾酒者很少有豪飲型。與其說是喝雞尾酒，不如說是享受那種氣氛，或渴望與女性對談。如果喜好辣味而非調味的雞尾酒（如馬丁尼酒），是具有男性氣概的表現，在工作上能充分發揮自己個性與才能，值得信賴。同時具有責任感，舉止行動有分寸。

喝甘甜的雞尾酒是不太喜愛酒精的男性，或渴望邀約女性享受飲酒的氣氛，或期待藉酒精緩和對方的情緒。

如果向女性勸喝酒精度高或較為特殊的雞尾酒，乃是暗自期待利用酒精使女性無法做冷靜的判斷。跳舞前勸女方飲雞尾酒的男性，通常希望和該女性有更深一層的交往。

(5) 啤酒

根據美國社會調查研究所的調查，喝啤酒是表現輕鬆愉快的心情，渴望從苦悶的環境中獲得獨立。

約會時喝啤酒的男性，通常想要表現最原始、最自然的自己。如果向同行的女性勸喝啤

酒，是渴望對方和自己有同樣的心情，或內心期待愉快的交談。既不矯揉造作也不愛慕虛榮，可稱為安全型。

如果喝特別指定品牌的啤酒，這種男性可要警戒。有些人會選擇和其公司系統相關的啤酒，而有些人也會在啤酒的品牌上表現個人的特性。事實上各品牌的啤酒味道相差無幾，特別指定品牌只是心理作用。

選購外國啤酒的人性格上和洋酒派類似。特別喜好德國啤酒的男性，只是想向女性標榜自己異於一般男性。喜好黑啤酒的男性，通常對強壯的體魄嚮往不已。

7　購物習慣，流露個性

隨著需求的不斷擴大，商品日益多樣化，商品交易活動更加繁榮。在購物時，人們都有屬於自己的方式，這種購物方式也能流露出一個人的個性。

去購物中心、超市購物是我們每個人都經常有的一種行為。付出一定的金錢就可以得到自己想要的商品，這是一種交易。雖然都是在做同樣的交易，但不同的人卻有不同的方式。下面就是幾個實例，透過它們也可以對人的性格進行分析。

（1）酷愛打折和促銷商品

有的人會選擇購物中心打折時選購物品。這樣的人大多比較實際和現實。他們懂得精打細算，有時候會給你唯利是圖的感覺。他們固執，遇事雖然會與他人協商，但最後卻會頑強堅持自己的觀點不放。他們會很滿足於自己占優勢，而他人在無可奈何的情況下不得不放棄的感受。

（2）看目錄購物

有的人購物前會非常仔細看目錄，他們組織性、原則性強，大多不具備創新精神，凡事都喜歡按照一定的規律和計畫完成，否則的話他們可能會感到手足無措。這一類人比較健忘，所以需要不斷有人提醒他們，在什麼時間去做什麼事情。他們的隨機應變能力並不強，偶發的嚴重事件會讓他們無法接受。他們缺乏獨立性，對別人有很強的依賴感。

（3）請別人代自己購物

有的人很少自己去購物，他們大多委託別人代勞。這樣的人大多把日程表排得很滿，他們較忙於工作和唸書。在他們看來，購物算不上一件大事，不值得自己抽出寶貴的時間親力親為。他們在為人處世等各個方面多是比較傳統的，會盡量使大家對自己滿意。

(4)全家人一同出外購物

有的人購物時，喜歡帶上家庭成員，全體出動。他們多有比較傳統和保守的價值觀，家庭在他們心目中的地位是無可替代的，他們對家庭有著強烈的責任感和深深的依戀，家庭很可能是他們一切行為的最基本出發點，家庭直接影響著他們行為處世的習慣，而他們的家庭也是非常和睦的。在他人看來，他們整天圍著家庭轉，生活似乎太乏味了，但他們自己卻很滿足於目前的這一種生活。他們覺得有安全感，其生活態度是非常實在的，選購的物品既經濟又實惠。

(5)花一整天時間來購物

有的人會花一整天的時間購物，這種人多比較開朗和樂觀，他們常常沒有理由就感覺心情不錯。較有耐性，總是能夠找到很多理由安慰自己，讓自己笑到最後。他們野心勃勃，常常會為自己設定許多遠大的理想和目標並且執行，態度也相當樂觀。可是他們的那些理想和目標，從某種程度上來說並不現實，所以到最後多半無法夢想成真。但在這個過程中，他們做一些事情還是有收穫的。

(6)顛三倒四的人

還有的人比較奇特。在需要的時候手上沒有，等不需要的時候才去購買。這樣的人好像在任何事情上都比別人慢半拍，也從不因此而煩惱。他們的表現欲望很強，希望自己能夠引起他

人的注意，所以時常會故意耍一些小伎倆。

（7）對品牌的要求

有購買特定品牌習慣的人，是偏執狂，可能在精神上受過創傷或是欲望不能得到滿足的人。喜歡和上司選擇相同品牌的人，對於上司有憎惡感或不滿的情結。

（8）執著於高級品牌的人，通常把品牌視為個人身分、地位的象徵

喜歡購買價格過於昂貴的物品，除了追求流行之外，也有希望別人看出自己品味的隱藏含義。

8　從日常的習慣動作了解人

手舞足蹈說的是人高興的手足動作，抓耳抓腮說的是人著急時的樣子，張牙舞爪說的是人凶惡的表現……從中不難看出身體的動作作為表達情感的輔助工具，也可從中窺出一個人的性格特徵。所以要想深入了解周圍人的真情實感，可以從細心留意他們的一舉一動入手。

（1）習慣性點頭的人

比較關心他人和體貼別人，知道給予配合的重要性。及時表達自己的認同，可以使說話者

增強自信和對談論話題深入思考，並得以充分發揮，有利於找出最好的解決問題方法，於人於己都有好處。在生活和工作當中，他們同時也是願意向他人伸出援手的人，能夠尊重對方的弱點，在力所能及的範圍內尋求解決方案，具有熱心助人的性格特徵。能夠聆聽對方的全部說話內容，並給予認真的思考，讓說話者有被認同的感受，所以會認可和欣賞他們，把他們當成可以深交的朋友。他們也是一些愛交朋友的人，這不僅表現在能夠給予朋友力所能及的幫助，而且還在內心深處關懷和體貼朋友，處處為朋友著想，時時想著為他們排憂解難，準備隨時幫助朋友，最為難得的是經常在尚未得到別人請求協助的時候便伸出了援手。

(2) 東拉西扯

頻頻打斷別人話題的人，傾向於冒進，欠缺穩重，給人一種毛躁的感覺，很少有人會和他們長時間交流，更別提促膝而談，所以他們很少有真正的朋友和可以依靠的人。除非有求於他們，但必須提防的是，他們做事往往虎頭蛇尾，雷聲大，雨點小，所以千萬不要把全部的希望都寄託到他們身上，否則定會吃大虧。

(3) 心不在焉的人

屬於精神渙散者。他們不重視談話過程，自然不會在意談話內容，假設用心聽了，那也是粗枝大葉，丟三落四。這種結果的外在表現是他們辦事容易拖拉，一延再延，因為他們根本就

不知道對方讓自己做什麼，而且得過且過；如果目標已經明確，條件也具備和成熟，他們卻又往往無法把精力集中起來，或是一心二用，或是三心二意，接到手中的任務往往不了了之，毫無責任感，終身難有所成就。

（4）乘人不注意窺視他人的人

屬於心術不正類型。自身根本就沒有什麼特長或驚人之處，但卻總是想著能夠「不鳴則矣，一鳴驚人」。他們不知如何才能實現這個願望，而現實當中又很少有人願意理會這些夢想家，結果使他們的自尊心受到很大的傷害。為了實現自己的白日夢，向世人證明自己的存在價值，他們學會了工於心計，善使機關。

（5）凝視對方的人

凝視是一種意志力堅定的表現，他們往往不用過多言語和動作就已經顯得咄咄逼人了，而且不管是男人還是女人，都顯示他或她是充滿力量的強者。目光接觸，難免會有受到攻擊的恐慌。其實，大多數人之所以凝視他人，只是為了想看穿對方的性格而已，並無實際攻擊意圖。

（6）動作誇張的人

哪怕是雞毛蒜皮大的小事，他們也要跳上跳下，擾得周圍的人不得安寧。但他們的本質是好的，並不是存心想要別人不舒服，之所以會這樣，其實是按捺不住熱情和好強，認為光靠言

語不足以表達心中熾熱的感情，所以必須加進一些誇張的動作來表達自己的內心想法，以引起他人的注意和進行思考。可是在他們的內心深處，通常存在著極度的敏感和不安，他們無法確定自己的這種方式能否被別人認可和喜歡。

(7) 喜歡目光接觸的人

眼睛是心靈的窗口，與別人目光接觸，無疑是主動向對方展示自己的內心，顯示既希望能夠深入了解對方，也為對方了解自己敞開了大門。他們充滿了自信和直爽，從不懷疑自己的動作會給他人帶來不愉快。他們懂得為他人著想，所以做事專心，盡量滿足大家的要求，希望做出好的成績讓大眾認可自己，接納自己；懂得禮貌在交際中的作用，能夠把握分寸，非常適合需要面對面進行交流的工作。

(8) 坐立不安、手足無措的人

精力充沛，給人一種事業型的感覺，而他們也正是按照事業類型打造自己的。由於身邊的工作機會很多，為了早日實現自己的目標，他們不允許自己錯過任何機會，積極投入身邊的所有事情當中，忙完這個忙那個，放下一頭又抓起另一頭，結果心急吃不了熱豆腐，疲於奔命，造成極度的緊張，無法專心致志於分內工作，得不償失。

第八章　興趣愛好，一分鐘就知道他

一個人的興趣愛好與他的性格特質有著千絲萬縷的關係，可以說從一個人的興趣和愛好上可以了解一個人的性格，也可以了解他的心理狀態。

1　從愛好上，去識人

從一個人日常生活中的愛好上，也能認識他是怎樣的一個人。

(1) 收藏愛好

這種人追求生活的高層次享受，不但要求溫飽、穩定、家庭和睦、事業成功，而且要有豐富充實的休閒生活，在緊張的唸書、工作之餘，消除疲勞，潛移默化的增加知識，得到美的享受。

收藏是根據各人愛好，將某一類物品（或某一專題的物品）精心收集、歸類，並妥善保管、儲藏，以為自娛或供人觀賞、研究等的一種很有益處的文化娛樂活動。愛好收藏的人希望透過對某一類感興趣物品的收集、收藏、鑑賞、研究、玩味、展示等方式，豐富休閒文化生活，得到美的體驗，增加知識、開闊視野，加強感情交流，廣交朋友。

(2) 讀書愛好

培根說：「讀書能使人充實，談話能使人機敏，寫作能使人精確。」愛讀歷史的人聰慧，愛讀詩歌的人靈秀，愛讀數學的人精細，愛讀自然哲學的人深沉，愛讀倫理學的人莊重，愛讀邏輯學和修辭學的人善辯。古往今來，看無數英雄，凡成大器者必要讀書，中國古代帝王中不少人都把讀書視為治國之本、立國之基。如魏孝文帝「手中不釋卷」，唐文宗李昂把讀書當做一件大事，宋太祖趙匡胤嗜書如命，宋太宗趙光義每天三卷書，康熙帝每天讀書十多個小時。這些古代帝王在歷史上都有濃墨重彩的一筆。

2 從收藏物品看心理

收藏表現了人們對生活的追求，使人在心靈上得到很大的滿足與快樂，收藏表現了人的心理特徵，透視其內心世界。

喜歡收藏老、舊的電話簿的人，他們大多注重與人交往、重視友情，對友情無比忠誠，而且非常念舊情。

喜歡收藏紀念品的人，他們往往有比較強烈的執著追求理想的精神。為此，他們可以毫無怨言接受各種嚴峻的挑戰。但他們做事比較欠缺考慮，以至於到最後會出現一些不盡如人意的地方。

喜歡收藏舊器具的人，他們多具有較強的寬容心和忍耐力，同時他們還具有令人讚賞的大

公無私的精神，但有時候他們也會傷害自己身邊的親人、朋友和同事。因為他們時常會為了其他不相干的人和事而忽略了他們的親人、朋友和同事。

喜歡收藏舊收據的人，他們中大多數人有較強的組織能力，說話辦事有理有據，腳踏實地。為人小心謹慎，具有一定的冒險精神。但美中不足的是，他們會在一些可以忽略不計的小細節上浪費大量的時間和精力，這使他們成功的概率和速度受到了嚴重的影響。

喜歡收藏嬰兒鞋的人，這一類型的人有濃厚的親情意識，他們非常愛自己的家人，同樣也希望自己能夠得到來自家人的愛。他們不善於接受新鮮事物，更不會輕易去尋求改變，缺少創新意識，因此給人留下嚴厲和固執的印象。他們對感情自始至終都不會改變，無論在什麼情況下，只要他們認為有必要，有價值與之交往下去，就會一心一意投入。

喜歡收藏舊書、舊報的人，一般來說，他們都有比較高的文化素養，知識和學識都很淵博。但是這一類人有一個共性，就是都比較清高孤傲，自命不凡，他們往往淡泊名利，從來不為攀附權貴而趨炎附勢。

喜歡收藏舊情書的人，他們中大多有很多的浪漫情調，並時刻尋找機會加以實現。不過，除此之外，他們很不堅強，對他人有很強的依賴心理，總是以自我為中心，經常希望自己成為被眾人關心、幫助和愛護的對象。

喜歡收藏藝術品的人，他們大多有藝術家的氣質，對生活的態度是積極和樂觀的，而且他們具有極強的審美能力。

收藏世界紛繁複雜，只要你願意，你的寶物可以是你想收集的任何形式的任何物品。

3　從個人嗜好識別對方

其實每個人都是有一些自己所喜愛的嗜好的，只不過有些時候，由於工作、唸書太忙了，忙得沒有一點時間來做自己喜歡的事情，所以漸漸把它忽略了。嗜好不同於一般的工作和唸書，工作和唸書在很多時候都具有一定的目的性，為了某一目的而做，甚至是不甘願做也得做，這就顯得非常被動。可是嗜好不一樣，嗜好完全是自己喜歡、感興趣的，做它是為了愉悅自己。有什麼樣的嗜好，這往往要根據一個人的性格而定，所以透過它來觀察一個人實在是最好不過的了。

喜歡表演的人，首先他們的情感是相當細膩的，希望能夠嘗試不同的角色，體驗不同的生活。除此外，他們的想像力還應該特別的豐富，這樣他們才能把不同的角色揣摩到位，表演逼真。情感敏銳、細膩，這都是喜歡表演的人的性格特徵，但是這一類型的人，他們有些富於幻想而不切實際。

喜歡木工製品的人，他們的動手能力都是比較強的，凡事都希望能夠自己解決，而不依賴別人。他們的自尊心比較強，總是仰賴別人會使他們的自尊心受到傷害。他們多懷有強烈的自信，堅信自己會成功。他們對於新事物的接受能力比較強，勇於冒險，進行探索和嘗試。

喜歡釣魚的人，做事時對於過程的重視程度往往要多於結果。他們在做的過程中能夠體會到很多的快樂和一種自我價值的肯定，但是對於結果的成敗，則顯得有些無所謂了。他們信奉的人生信條就是努力做了就無愧於心。他們平日裡顯得比較散漫，看樣子有些不在狀態上，可一旦有事情發生，他們往往能夠以最快的速度調整自己，積極投入其中，他們有很強的耐性。

喜歡手工藝品和刺繡的人，多是熱情而富有愛心的，他們有很強烈的責任感，能夠對每一個人每一件事情負責。他們的生活態度是積極樂觀的，但並不會放縱自己。他們什麼時候都知道什麼是自己應該做的，什麼是自己不應該做的。他們的自信心很強，經常會為自己所取得的成就而暗自陶醉，從中獲得一種滿足感和成就感。

喜歡收集錢幣的人，其性格相對來說是比較保守和傳統的，不太勇於冒風險，對於接受新鮮的事物的能力比較差。他們多具有很強烈的責任心，尤其是對於自己的子女更是疼愛有加。這一類型的人做事善始善終，比較追求完美，從來不會半途放棄，他們對結果的重視程度往往要大於過程。

喜歡收集一些亂七八糟的東西，如啤酒瓶子、沒用的盤子等占據一定空間的東西的人，多是進取心比較強烈的，他們在大多數時候都顯得相當忙碌，好像事情永遠也做不完。他們的懷舊情結比較濃厚，從這一點可以看出他們是很重感情的人。他們不會過分放縱自己，而且很懂得節儉，欲望不是十分強烈，在很多時候比較容易滿足現狀，有很強的自信心，會為自己所取得的成就而感到驕傲和自豪。

喜歡園藝的人，凡事都追求一個循序漸進的過程，然後讓其自然而然，水到渠成。他們有一定的責任感，能對某個人、某件事情負責。他們自己心裡會時常有一些欲望，為了使這種欲望變成現實，他們會很努力工作，然後在付出得到回報以後，好好享受自己工作的成果。

喜歡美食烹飪的人多是不甘於平庸和寂寞的人，他們總是要想方設法使自己的生活中多些熱情和色彩。他們有很好的創造力和想像力，並且總會給親人和朋友製造一些意外的小驚喜。他們總是有著很高的目標和理想，並會為此而不斷追求、前進。

喜歡做高危活動，比如滑翔、跳傘、登山等，若想從事這些活動，一個首要的要求就是身體必須健康。這樣的人雖然在外表上看起來很健壯，但他們的心思卻是非常縝密的，他們做事情總是非常小心，一件事情，往往是把可能出現的問題全部仔細考慮清楚以後才行動，他們對「三思而後行」這一句話往往有比他人更加深刻的理解。他們的性格是比較堅強和固執的，一

件事情一旦決定要做，就不會輕易改變，其中無論遭遇到多大的困難，他們也都能承受得住。他們很有膽識和魄力，勇於向一些未知的領域進行挑戰。

喜歡打獵的人性格多是比較粗獷和豪爽的，很講義氣，凡事不會和人太計較。他們深知社會之現實，優勝劣汰，適者生存，所以會努力使自己成為一個強者，因為只有這樣才能好好生存下去，他們有一定的勇氣和膽識，很多事情都是敢作敢當，可稱得上是一個頂天立地的人。

喜歡下棋、玩紙牌的人，可能在身體上不那麼強壯，但在智力上他們往往要勝人一籌。他們常把自己的聰明才智發揮得淋漓盡致，從而把對手逼得走投無路。在這個過程中，他們會獲得很大的滿足。喜歡下棋、玩紙牌的人，其邏輯思維和分析思考能力都是相當強的。他們常常能夠以比其他人相對更集中的精力投入到某件事情當中，所以他們做事成功的機率會比較大。

喜歡飛機模型的人，其自我意識並不強烈，他們與喜歡不受人約束和限制、自由自在的人恰恰相反，他們往往更樂於聽命於他人的領導和安排，這樣他們就不會感到無所適從了。他們缺少必要的冒險精神，凡事把安全保險放在第一位。在遇到困難的時候，他們的情緒往往會顯得相當暴躁，這時候，只有出現一個領導者，指導著他們去做什麼、怎麼做，他們才會逐漸穩定下來。

喜歡樂器的人，多是感性成分比較多的人，他們的敏感度是非常高的，總是能夠在不經意間捕捉到一些好的壞的感覺，這為他們帶來快樂的同時也帶來了苦惱。他們的性格並不是很堅強，反而還有點脆弱，有的簡直是不堪一擊。他們希望得到別人的關心和愛護，但卻不一定能夠去關心和愛護他人。

喜歡抽象畫的人，他們的表現欲是相對強烈的，他們希望能夠有更多的人注意到自己。另外，他們的自我意識比較濃，並不是十分在乎他人對自己的看法，而喜歡我行我素。他們的行為在很多時候是相當古怪的，他們做事喜歡為自己著想，而很少考慮其他人的意見和感覺。他們是相對獨立的，而且任性固執，只願意自己定規矩，自己遵守，而不願意遵守他人制定好的規章制度。

喜歡閱讀的人有很強的創造力和想像力，有自己的想法。他們興趣廣泛，往往能夠超越自己的經驗來計劃某一件事情，擴展自己的生活領域。

喜愛集郵的人，善於自我調節來平復自己的情緒。在發生一件事情使他們的心情不平靜的時候，他們總是能夠進行自我開導，而將之先放在一旁，等心情平復以後，再來處理。他們大多很愛面子，很多時候不知道怎樣拒絕別人，所以會無端增加許多煩惱。

喜歡旅行的人，屬於外向型，他們的好奇心往往很強烈，而且好動，他們需要一些富於變化、帶有刺激性的東西來滿足自己。這一類型的人通常會有比較好的人際關係，而且由於經常

旅遊，見識的事物比較多，增長了他們的閱歷和知識，他們於人群中的形象會在自然而然當中提高。

喜歡寫作的人，他們的思考能力是很強的，為人較小心和謹慎，喜歡把自己的想法寫出來，這樣可以更方便的理清自己的思路，他們很有自己獨特的見解和想法。

4　從喜歡的寵物了解對方

養寵物是一種休閒方式，喜好不同，寵物自然相差懸殊，但是從心理學角度來看，不難發現其中一個共性，那就是透過人們喜愛的寵物通常可以看出他們的真實性格。

(1)喜歡養貓的人獨立性強

喜歡養貓的人，崇尚獨立自主，討厭隨便附和，直來直去，從來不委曲求全，言不由衷。他們內向，喜歡寧靜和恬淡，抑制感情流露，很少有人能進入他們的內心世界；嚴於律己，不喜歡隨隨便便，讓人感覺不到熱情和活力，有時難免矯揉造作，所以人緣通常很糟糕。

(2)喜歡養狗的人隨和溫順

喜歡養狗的人，隨和溫順，顯得很親切，但他們隨波逐流，總是順著他人的想法去做事。他們外向，不喜歡寂寞孤獨，整天嘻嘻哈哈，與左鄰右舍關係融洽；交際能力出眾，爽快開

朗，人情味濃，胸無城府，坦蕩直接，真實想法會立即從臉上或行為舉止當中顯現出來。另外，喜歡獅子狗的人性情活潑好動，像個大孩子；喜歡牧羊犬的人虛榮心較重，有喜歡炫耀自己與眾不同的傾向；喜歡貴賓狗的人肯定家境殷實，且事業一帆風順；喜歡收留流浪狗的人，富有同情心，而且小時候有過被歧視虐待的經歷。

(3) 喜歡養鳥的人，性格細膩、孤僻

喜歡養鳥的人，性格細膩，心胸狹隘，同時會精心裝飾屬於自己的空間。不喜歡繁瑣的人際關係，交際能力差，性格孤僻。養鳥使他們自娛自樂，幫助他們打發多餘的時間和寂寞，鳥已成為他們生活中不可或缺的夥伴。

(4) 喜歡養魚的人，有生活情趣

喜歡養魚的人，有生活情趣，是個充滿自信的樂天派，對事業和生活沒有過高的奢求，只想平平安安度過每一天。有人說他們胸無大志，但一生快樂卻也令人羨慕。

5　從旅遊的偏好了解對方

旅遊是一種鍛鍊體質、增長見識、愉悅身心的一種休閒活動，旅遊可以豐富我們的精神生活，為我們的生活增添了不盡的色彩。除此以外，從旅遊偏好中還可以了解一個人的內

心世界。

心理學家研究發現，人們喜愛的旅遊方式，與他們潛在的性格有著千絲萬縷的關聯，如果你想要了解自己或身邊人的真實性格，可以從他的旅遊愛好中獲取資訊。

(1) 喜歡訪親探友的人

他們講究誠實守信，注重情感友誼，這為他們贏得了非常廣泛的友誼和幫助；在探訪朋友或親戚的時候，他們會獲得極大的快樂與滿足，因為他人的熱情款待證實了他們的努力沒有付諸東流，他們是成功的。

(2) 喜歡大海和海灘的人

他們保守、傳統，心事較重，不願暴露內心的真實情感，獨處一室享受自己的空間是他們莫大的心願。不熱衷人際交往，無論是對朋友還是事業夥伴；由於有責任心而成為好父母，子女會得到他們莫大的關愛和無微不至的照顧。

(3) 喜歡露營的人

他們性格當中保守的東西還很多，推崇傳統倫理觀念，嚴格按照崇高的道德標準行事，一舉一動都會吸引大眾的目光，具有很高的道德素養；他們擁護獨立，不喜歡受到長輩的庇護和約束；想像力豐富，能夠化平凡為神奇，有著講究實際的人生觀；對待他人不卑不亢，有明確

的交往之道。

（4）喜歡自然景致的人

他們追求無拘無束，嚮往輕鬆自在，受約束的生活和一成不變的工作常常令他們苦不堪言，他們渴望眼前的工作馬上換為宜人的風景；有活力，有熱情，做什麼都得心應手，有著豐富的想像力，追求生活中的新思想或新事物是他們畢生的願望，並且能夠對自己的人生負起責任。

（5）喜歡出境旅遊的人

他們比較時尚，而且站在了時代潮流的最前端；喜歡求變，對新鮮事物懷有深情，對人生充滿信心；樂觀向上，生活中的壓力經常在談笑風生之中化為烏有，總是過得瀟瀟灑灑，幾乎可以隨心所欲。

（6）喜歡戶外活動的人

他們精力充沛，勇於迎接各種挑戰，能夠對自己的言談舉止認真對待，通常能得到很好的回報。

6　從閱讀愛好來觀察人

報刊書籍是一種資訊的載體，我們從閱讀之中來了解新聞，縱觀世界風雲。讀書看報已經成為人類謀生和提高修養的重要方式。從閱讀方式上我們可以窺視出一個人的內心世界。

(1) 只閱讀喜歡內容的人

得到報紙後會用最快的時間將大概內容了解清楚，選擇自己感興趣的內容，有時為了滿足好奇心搶奪熟人的報紙；當發現沒有自己喜歡的內容之後會把報紙擱置在一旁，偶爾抓過來作為他用。他們大多活潑外向，幽默自信，喜歡熱鬧，廣交朋友，對很多東西都感好奇；有領導才能，但做事往往不能精益求精，有時敷衍了事，好捅婁子。

(2) 為了消磨時間而讀報的人

閱讀報紙只是為了打發時間，尋找樂趣，所以得到報紙後隨手一扔，等感覺到煩悶和無聊時才拿出來看。他們內向，孤獨，情緒不穩，辦事拖泥帶水，沒有魄力，人際關係差，自視清高，但有很強的想像能力，善於察言觀色，忠厚老實，不鑽牛角尖。

(3) 迅速瀏覽報紙內容的人

只要一拿到報紙，就會忘記置身何處，必先將報紙各版的內容了解清楚，哪怕時間緊迫，

也置之不理。他們外向，富有活力，信心百倍，不善隱瞞，喜歡熱鬧，不遲鈍呆板，辦事周到積極，不排斥新事物，隨遇而安，有時喜歡張揚，聽不進他人勸誡。

(4) 抽時間細心讀報的人

買來報紙後，並不急於閱讀，而是放在一旁，用最快的速度將手頭上的工作做好，等到沒有其他的人或事分心的時候，再靜心閱讀，並將重要的內容裁剪下來保存好。他們較為內向，不善言辭，自找樂趣，講究實際，自控能力強，認真負責，能夠獨當一面，對交際應酬不感興趣，對他人也顯得熱情不足。

(5) 喜歡閱讀財經雜誌的人

不喜歡安於現狀，不甘寂寞，而且有知難而進的勇氣，爭強好勝，不願屈從，最喜歡超越別人；崇尚權威，渴望榮譽，努力尋找發達的時機，為自己的人生譜寫出光輝燦爛的一筆。

(6) 喜歡讀時裝雜誌的人

追求時尚，出手大方，以掌握最新服裝資訊和流行趨勢為樂事，以顯示自己在此領域內的水準和能力；時間和精力都花費在了外表上，忽略了內在修養，所以不能成就什麼大事業。

(7) 喜歡讀言情小說的人

非常注重感情，能夠隨著故事情節的發展而同小說人物一起悲歡。他們對事物有很強的洞

察能力，自信和豁達；吃一塹、長一智，很快會恢復元氣，有成就事業的可能。這種人以女性居多。

(8)喜歡看武俠小說的人

富於幻想，追求浪漫，心底深處有某種壓抑很深的英雄情結，總是希望自己能出人頭地；感情豐富，有時過於細膩，反而不受女性喜愛；個別人性格偏執，倔強，但不影響其引人注意的特性。此種性格的人男性較多。

(9)喜歡看傳記的人

具有強烈的好奇心，謹慎小心，野心勃勃。他們善於衡量利弊得失，統籌全域，不打沒有把握的仗，條件不成熟絕不會越雷池一步。

(10)喜歡看通俗讀物的人

喜歡看街頭小報、期刊雜誌。他們熱情善良，直爽可愛，善於使用巧妙而又幽默的話語活躍氣氛。他們有著非常強的收集和創造能力，趣味性的話題總是張口就來，他們經常是大眾眼中的小丑和寵兒。

(11)喜歡看漫畫書的人

一般都喜歡遊戲，童心未泯，性格開朗，容易接近；無拘無束，喜歡自由自在，不想把生

活看得太複雜；對別人不加防備，往往在吃虧上當後才發覺自己是那麼的幼稚，能夠吃一塹、長一智。

(12) 喜歡讀偵探小說的人

喜歡挑戰思想上的困難，富於幻想和創造，想像力也很豐富；善於解決難題，面對困難能夠從不同的角度進行分析，嘗試解決，知難而進，喜歡挑戰別人不敢碰的難題。

(13) 喜歡看恐怖小說的人

簡單的生活讓他們感覺太乏味，渴望用刺激和冒險啟動自己的腦細胞。他們有懶惰的性格，不喜歡思考，所以很難從周圍獲取樂趣和歡愉，同時對身邊的人不感興趣，所以不太合群，獨處一隅的時間較多。

(14) 喜歡讀科幻小說的人

富有幻想力和創造力，常常被科學技術所迷惑和吸引，喜歡為將來擬定計畫，但不講究實際，缺乏持之以恆的精神；總是為他人喝彩，很少打造自己的輝煌，經常在幻想當中過日子。

(15) 喜歡讀歷史書籍的人

創造力豐富，講究實際，不喜歡胡扯閒談，把時間都用在有建設性的工作上面，討厭無意義的社交活動。古為今用，他們能夠從歷史事件當中汲取對自己人生有意義的東西；具有很強

的分辨能力，深受周圍人的讚賞。

7 從喜歡的音樂來看人

音樂是人類生活當中一項重要的娛樂活動，一個人對音樂不同的喜好，有著不同的性情，透過分析喜愛音樂的種類也可以窺探人的某些性格。

(1) 喜歡聽淒美音樂的人

喜歡聽淒美歌曲的人，多愁善感，心地善良，體恤他人，偉大者可以「先天下之憂而憂，後天下之樂而樂」。歌曲如他們生命歷程中的燈塔，指引他們前進的方向，他們人生中的大起大落，音樂常常起了推波助瀾的作用。

(2) 喜歡聽古典音樂的人

喜歡聽古典音樂的人是一個理性比較強的人，他們在很多時候要比一般人懂得如何進行自我反省，自我沉澱，從而留下對自己非常重要的東西，將那些可有可無的，甚至是一些糟粕的東西拋棄。這樣的人大多很孤獨，很少有人能夠真正走入到他們的內心深處去了解和認識他們，所以音樂在一定程度上成了他們的夥伴。

(3) 喜歡搖滾樂的人

喜歡搖滾樂的人對社會不滿，有些憤世嫉俗，他們需要依靠著以搖滾的形式來發洩自己心中的諸多情緒。他們會時常感到迷茫和不安，需要有一個人領導自己漸漸找回已經喪失或是正在喪失的自我。他們很喜歡與一些志同道合的人交往，害怕孤單和寂寞。

(4) 喜歡鄉村音樂的人

喜歡鄉村音樂的人十分敏感，他們對一些問題常會表現出過分的關心，他們為人多較圓滑、世故和老練、沉穩，不會輕易動怒。他們的性格多較溫和、親切，攻擊性欲望並不強。他們比較喜歡穩定和富足的生活。

(5) 喜歡爵士樂的人

其性格中感性化的成分往往要多於理性，他們做事很多時候都只是憑著自己的直覺出發，而忽略了客觀的實際層面。他們喜歡自由的、無拘無束的生活，希望能夠擺脫控制自己的一切。他們對生活往往是追求其豐富多彩，而討厭一成不變的任何東西。他們的生活多是由很多不同的方面組成的，而這些方面又總是彼此互相矛盾著，從而給他們在表面上罩一層神祕的面紗，使他們在別人面前永遠是魅力十足的。

（6）喜歡歌劇的人

其性格中有很多相對傳統、保守的成分，他們多是比較情緒化的人，但在大多數時候懂得控制自己的情緒，不會隨便發作。他們做事認真負責，對自己很苛刻，總是要求表現出最好的一面，而努力做到盡善盡美。

（7）喜歡背景音樂的人

他們的想像力是相當豐富的，而他們的生活態度卻有點脫離現實而富於幻想，這就使他們有許多必然的失望。不過還好，他們比較善於自我調節，能夠重新面對生活，只不過幻想並沒有減少。他們的感覺是相當靈敏的，往往能夠在不經意間捕捉到許多東西。他們樂於與人交往，哪怕是不相熟悉的人。

（8）喜歡流行音樂的人

簡單是流行音樂的主旨，這並不是說喜歡流行音樂的人都很簡單，但至少他們在追求一種相對簡單和自由自在的生活方式，而讓自己輕鬆快樂一點。

（9）喜歡情境音樂的人

情境音樂聽起來清脆悅耳，可以讓人產生愉快的心情。喜歡情境音樂的人，其大多都是比較內向的，他們渴望平靜和安寧，而不受到其他人或事的干擾。

(10) 喜歡頹廢音樂的人

他們通常有自卑感，從某種程度上來說他們的性格是較矛盾的。他們討厭一個人的孤獨和寂寞，渴望與人交往，但他們又很難與人建立起相對良好的交往關係。在這種情況下，他們會產生一種很反叛的心理，頹廢音樂正好使這種心理得到了滿足。喜歡頹廢音樂的人多崇尚暴力，有自我毀滅的傾向。

8　從喜歡的色彩來看人

調查發現，一個人所偏好的顏色常常代表其性格和感情的色彩。色彩是無聲的語言，透過對色彩的情有獨鍾，能解讀你的性格，解讀你的情感，解讀你的心理，解讀你的情緒。

各種色彩都有其獨特的性格，簡稱色性。它們與人類的色彩生理、心理體驗有關，從而使客觀存在的色彩彷彿有了複雜的性格。

(1) 喜歡藍色的人的性格

藍色代表著一種平靜、穩定。藍色能給人一種和諧、寬鬆的感覺。喜歡藍色的人，一般而言比較容易傷感。這類人也很容易滿足，能夠保持平衡、調和，經常保持沉著、安定，安全感比較強烈。他們通常處於輕鬆的狀態，並因此而陶醉於理想的境界，留給人們的印象為「溫

柔」的人中，大多鍾愛藍色。藍色同時也表示超越時空的永恆，是傳統與未來的緊密結合。選擇藍色，在感情上恬靜、滿足，生理上比較渴望休閒，希望能擁有充分的休息機會；在人際關係中，處事得體，不急躁，能夠避免種種紛爭、嘈雜的局面。他們希望一種穩定的秩序出現，因此，總是盡量使自己不與周圍的人產生摩擦。和諧是他們一切行動的指導。他們比較信賴別人，同時亦希望自己能得到別人的信賴，處事比較圓滑。

(2) 喜歡紅色的人的性格

紅色象徵著熱量、活力、意志力、火焰、力量，喜歡紅色的人通常熱情四溢，精力充沛，而且很會賺錢。他們在一種真正的紅色時尚中顯得非常性感，魅力十足。他們的性格決定了他們經常希望自己成為別人注意的焦點。

紅色讓人產生權力和控制的欲望。生意場上人們喜歡穿紅色，認為是權力的象徵。喜歡紅色的人給人一種精力充沛、十分活躍的感覺。

喜歡紅色的人不會是一個好的領導人。然而，如果有聰明的領導者的話，他們會是很好的執行者。他們只想怎麼樣按要求完成任務，從來不會計較代價是什麼。

他們是情緒型的人，他們可能在你面前突然像活火山一樣不時的爆發一次，然後很快就會平靜下來。

他們的思維非常敏捷、很聰明。當他們激動的時候，也很容易要發洩他們的憤怒、暴力、仇恨和反叛。這種顏色對那些患有高血壓和焦慮症的病人不合適。

(3) 喜歡粉色的人的性格

一般而言，在富裕的家庭中長大、家教良好又偏理性的人大多喜歡粉色。喜歡粉色的人性格穩重、溫柔，大多都是和平主義者。其中，喜歡淡粉色人不僅具有高貴典雅的氣質，還很會照顧他人。喜歡深粉色的人則在性格上比較接近喜歡紅色的人，有活潑熱情的一面。

粉色代表溫柔，一般多為女性喜愛。喜歡粉色的女性往往性格穩重、溫柔，但卻非常敏感，容易受到傷害。獨處時，她們總沉浸在幻想中，嚮往著浪漫的愛情和完美的婚姻。喜歡粉色的男性大多也有著溫柔的個性，心胸也比較寬廣。可是，他們已經非常敏感了，但似乎還希望自己看起來更敏感一點。喜歡粉色的人對各種事物都容易產生興趣，但卻不願主動探究，還有依賴他人的傾向。

有一個有趣的現象。有的女性原本對粉色沒有特殊的感情，既不特別喜歡也不十分討厭，但是有一天她會突然愛上粉色。這肯定與她想得到男性的注意有關。為了讓自己顯得溫柔一點，她會有意或無意喜歡上粉色。粉色是戀愛之色，人在戀愛時傾向於喜歡粉色。

（4）喜歡桃紅色的人的性格

喜歡桃紅色的人常常想讓自己呈現出年輕、有朝氣的感覺。甚至希望在旁人的眼中是個高貴的形象。喜歡桃紅色的人大多不是俊男就是美女，散發著一股讓人看到就很舒服的魅力。不過，卻有強烈逃避現實的傾向。因不擅長向人吐露心事，常常躲在自己的小天地之中。

又因不容易接受別人的意見，也不喜歡和人爭論，也常被當做是優柔寡斷的人。另外，無法忍受現實的難堪及曾被信任的人背叛的人也會喜歡桃紅色。

（5）喜歡黃色的人的性格

黃色是所有顏色中反光最強的。當顏色加深的時候，黃色的明亮度最大，其他顏色都變得很暗。它有激勵、增強活力的作用，能夠增加清晰度，便於交流，並以機智而著稱。

喜愛黃色的人們喜愛權力和控制他人，他們不想改變，很有科學性、分析性、判斷性、獨立性、專業性，自我中心、很頑固、不坦率，經常擔心焦慮什麼。

有黃色個性的人們很有生意頭腦，他們想讓別人知道他們受過良好的教育，不管是自學的還是其他的，他們想透過他們智力上的努力來獲取成功。

他們會是好的領導者，他們一般能夠很有條理的做出決定。在行動之前會認真的分析每一個細節，每個策略遊戲都能引起他們的興趣，下棋是他們的嗜好。

他們通常封閉自我，不會讓很多人走進他們的生活，他們通常只有一兩個好朋友。這些朋友通常也是很有生意頭腦的，雖然真正的黃色個性的人們不會依靠任何人——除了他自己。

他們的穿著很考究，通常看起來很專業。雖然女人可能會加點飾品，但她們的衣著通常很簡單。

(6)喜歡橙色的人的性格

橙色是繁榮與驕傲的象徵，是自然的顏色。由於它代表著力量、智慧、震撼、光輝、知識和性能力，橙色也被奉成神聖的顏色。橙色是活躍的催化劑給神經和血液力量。橙色也和敏感、同情、自助及助人、不確定和天真有關。

喜歡橙色的人通常都非常熱愛大自然，並且渴望與自然渾然一體。他們喜歡戶外活動，在林中漫步會讓他們感覺到重生的力量。如果喜愛橙色的人們被迫長期待在房間裡，可能會生病，青青的樹木和可愛的動物對他們來說十分重要。

橙色的人喜愛運動，比較適合從事的職業有農場主、足球運動員和野外露營的隊長。

只要利用適度，橙色給人柔和、溫暖的感覺，但它和紅色一樣不宜使用過長。對神經緊張和易怒的人來講，橙色不是一種合適的顏色。

(7)喜歡紫色的人的性格

紫色代表權威、聲望、深刻和精神。紫色是由溫暖的紅色和冷靜的藍色化合而成，是極佳的刺激色。

喜歡紫色的人總在努力做的比現有的更好，無論是在信仰、情感或是精神方面。他們渴望知識，熱愛讀書。為了能夠成就理想的自我，人們會在自己的生活中和別人的生活中尋求答案。由於追求完美而又對自己極為苛刻，他們也在極力與自己做著艱苦的對抗。

喜歡紫色的人總是能交到很多朋友，因為他們總是考慮別人比考慮自己為先。整體而言他們並不會為自己要求過多，但一部分人也可能成為自我英雄主義者。這主要是由於他們喜歡以一種不確定的方式去尋求答案而往往失敗，他們也會因此鬱鬱寡歡。

(8)喜歡白色人的性格

白色代表著純潔和神聖。

白色可以對心臟、精神、神經和情緒有一個安撫作用，也有助於培養活力和獲得支持性的情感。

白色是雪的顏色，或代表來自上天的靈光，這使得白色是一種與眾不同的顏色。喜歡白色的人帶著好奇觀察周圍的人，他們也與周遭融合為一體。

喜歡白色的人無論做什麼，總是帶著一種聖潔的生活態度。別人也會認為他們如此，儘管他們可能並非真的如此。

喜歡白色的人會用一種很挑剔的眼光看待別人，可能對方卻一點也感覺不到。自我看重也是他們的一個特點，但只要不造成任何負面影響，這一點不會干擾他們更高的追求。

（9）喜歡綠色的人的性格

綠色是由藍色和黃色對半混合而成，因此綠色也被看作是一種和諧的顏色。它象徵著生命、平衡、和平和生命力。綠色可以製造一種平靜安寧的氛圍。綠色是最容易被看見的顏色，因為綠色經過水晶體幾乎剛好落在視網膜上。

作為一種中立顏色，綠色與復甦、生長、變化、天真、富足、平靜等相關。

喜歡綠色的人樂意去幫助每一個人，他們是自然界的母親，往往在和醫療相關的行業裡工作。

他們喜歡隱藏自己的想法，也不過分注意別人的事，所以他們往往是很好的聆聽者，充當顧問這樣的角色。其他人想當然認為這樣的人通常都能很客觀的分析事物。

熱愛和平是他們固化的責任，他們希望每個人都能過上和諧的生活。

由於上述特點，喜歡綠色的人容易成為別人最好的朋友。

⑽ 喜歡黑色的人的性格

黑色是一種否定和決斷的顏色。

黑色性格的人總希望所有事情即使在細枝末節上都很仔細。他們具有很強的統計能力，能做好類似會計的工作。找別人的錯誤、解決難題可以說是他們非常擅長的事，這也反映了他們執著的性格。深黑色有不可穿透之感，這也成為人們在葬禮上選擇穿黑色的原因。如果想表現一種權威性並且給人留下深刻的印象，人們也會選擇穿黑色。

黑色性格的人很情緒化，儘管可能處於重壓之下，他們也會表現得十分自然。他們通常很複雜、高貴、戲劇性、正式，並且給人一種強而有力的感覺，他們可能成為非常有權力和威懾力的人。

黑色穿著會讓你感到意志堅定、固執和自律，那你必須小心變得過分僵化和獨立，同時也可能反映你對自己應對生活的能力缺乏信心。你還需要經過一個過程才能真正成熟起來，所以在真正認識自我的路上你需要黑色來給自己一個保護。

黑色代表著放棄，一種最後的放棄，想穿黑色可能顯示經過激烈思考之後想放棄所有的一切。黑色也意味著自治，在特定場合身穿黑色顯示你想以一種權威的形象出現。

9　從私家車的偏愛上來看人

隨著人們生活水準的提高，私家車成了我們生活中的主要工具，有了車子，讓我們有能力征服時間及空間。車子是個人品味的縮影，從對車子類型的選擇上我們也能判斷出一個人的個性。

（1）喜歡省油車的人

隨著油價飛漲，大多數人都希望自己的交通工具能夠經濟省油。所以，如果你選擇這一類的汽車，必定是個腳踏實地的人，而且非常現實。對你而言，童年那種放縱自己的日子已經過去了，現在必須穿著得體，舉止優雅。你最關心的不是如何獲取身分地位，而是保有目前已經擁有的身分地位。

（2）喜歡進口車的人

你對大部分國產車的品質，都保持懷疑態度。愛國之類的宣傳號召很難打動你，你根本不可能為了國家而犧牲自己的利益。你是個講究實際的人，是重實質而輕虛表的真實生活的人。

（3）喜歡吉普車的人

吉普車使你能夠探訪許多交通工具無法到達的地區。你把所有人抛在車後一團團的灰塵

中，打算替自己開條路。吉普車就像你一樣，不但能吃苦耐勞，而且原本就是為了吃苦耐勞而存在的。你不需要冷氣，不需要美觀的烤漆，不需要動力方向盤或電動煞車。你所需要的是，在被太陽烤乾的嘴邊吸一根萬寶路香菸。

(4) 喜歡豪華車的人

你可能很有錢，也可能很窮，不過你喜歡看起來很有錢。你希望表現出與眾不同，具有影響力，從你衣服的剪裁和房子的大小也可以看出這點傾向。然而，你心中成功的感覺多半來自於他人的讚美，而不是真正發自內心的自我肯定。看到別人開勞斯萊斯，可以讓你一整天都不舒服。

(5) 喜歡敞篷車的人

你不想與世隔絕。當然，你希望這世界也能進入你的車裡，有風輕輕吹過髮梢，有陽光親吻你的臉，你喜歡敞篷車帶給你的那份逍遙自在和男性氣概的形象。

(6) 喜歡雙門車的人

別人一進入你車子的後座，就成了你真正的俘虜，沒有出入方便的逃生門。雙門車對於有控制欲的人來說，的確具有某種特殊的吸引力。你控制了旁人的生命，而且只要自己輕鬆舒適，並不在乎別人。

(7)喜歡四門車的人

每個人都有屬於自己的出入口，可以自由進出你的車子，因為你討厭被人催促的感覺。你給每個人一個出口，表示尊重他人選擇的權利，即使對方選擇離開你，你還是同樣尊重對方的決定。然而，就因為你不企圖控制別人、限制別人，別人反而願意搭你的車。

據心理學家的研究顯示，一個人對車子外觀顏色的喜愛在一定程度上可反映出他的性格。

喜歡紅色車的人：具有較強的事業心，對自己充滿自信、對人熱情，喜愛開快車。

喜歡黑色車和白色車的人：屬於工作熱情高，萬事追求完美的境界。

喜歡藍色車的人：做事冷靜，具有較強的分析能力。

喜歡黃色車的人：樂觀、好交際、朋友眾多。

喜歡綠色車、銀色車的人：處事中庸、行事穩當、性格堅強。

第九章　一分鐘看透男人，一分鐘讀懂女人

戀愛和婚姻是每個人一輩子的大事，選擇一個合意的男人，得到一個如意的女人，是一個人一生的幸福。所以對一個女人來說，掌握瞬間看透男人的本領是非常重要的；對一個男人來說，掌握瞬間讀懂女人的本領是非常必須的。

1　讀懂女人，要從體態開始

女人的體態語言不僅使一些羞於啟齒的資訊自然流露出來，而且使女人看起來更動人。如果能適時有效讀懂女性的體態語言，就很容易深切了解女人、看透女人。

線條和色彩是人類在有聲語言之外最具表現力的性格語言。女人的體態語言就是一串線條符號，這些部位不同的動作會表現出相應的意義。

(1) 從頭部看女人

習慣頭部上揚的女人通常自視甚高、傲慢而唯我。或許是因為她們的條件一般都不錯，追求她們的男人又較多，所以她們對男人的要求甚高，卻很少能夠真正體諒男人的苦心。

習慣頭部低俯的女人通常內向而溫柔，雖然有時顯得缺乏熱情，但是能細心體貼關照男人。

習慣頭部側偏的女人通常充滿好奇心，但偏於固執。她們最容易與男人一見鍾情，卻沒有

相伴一生的忍耐力。

（2）從手和手臂看女人

握手是男人接觸陌生女子身體的唯一機會，女人也樂意抓住這次難得的機會傳達她的資訊。手心乾爽的女人性格開朗，也可能表示對此次晤面沒有特殊的興趣；手心潮溼的女人性情較內向，也可能顯示她的內心很緊張或很恐懼。要找到兩者間的差別，就需看她的眼睛是躲閃還是微閉。

握手時手心朝上的女人多是柔順易於相處的，手心朝下的女人多是爭強好勝不肯服人的一類。而只伸出手指的女人多精於世故、吝嗇貪婪，同時還傳達出一種蔑視的意思。

女人雙臂的體態語言一般是透過交叉雙臂來實現的。標準的交叉雙臂姿勢沒有特別的含義，不過是女性一種本能的自我保護，但如果長時間維持這個姿勢就顯示消極的態度。用雙手握住雙臂的姿勢顯示了緊張和不知所措。

單臂交叉的姿勢是女人在缺乏自信或身處陌生環境下使用的體態語言，意味著她需要幫助。掩飾的雙臂交叉是常在大眾場合露面的女人傳統姿勢，這種女人多數虛偽而且老練。

（3）從胸部看女人

喜歡挺胸的女人肯定充滿自信，心中很少有傳統觀念，是現代新女性的代表，也顯示她們

的心態健康而積極。

喜歡含胸駝背的女人肯定不那麼自信，或者天性羞澀。她們的人生觀相對消極，多愁善感，渴望愛情又缺少勇氣，只會默默等待。

（4）從腰部看女人

對於腰部這一無聲的性格語言，女人相對男性來說，要微妙得多。女人的腰，是除了女人的臀部和胸部以外的性感符號，它常常是以無聲的線條來表示意義的。女人的腰，它就是一個線條符號。

彎腰

眾所周知，見人即彎腰行禮是日本人的見面語言，彎腰所形成的曲線是柔美的、溫順的、流暢的，從而形成一種光滑的外表。這種女人給人一種柔美的感覺。

叉腰

把兩手叉在自己的腰上，這種形象就像兩隻母雞打架的形象。這是女性一種雙向的對外擴張，表示出內心的憤怒和力量。這種形體語言，一般的女人不採用。但魯迅筆下「豆腐西施」楊二嫂，卻經常使用，讓魯迅看了嚇一大跳。

仰腰

仰腰是女人的「無防備訊號」。如果女人坐在沙發裡，用仰腰的姿勢對著異性，一般的情況有兩種：一是對於眼前的這個男人絕對信任、絕對尊重，她覺得他不會給她帶來傷害。

扭腰

扭腰使腰呈現S型，這是性的象徵。凡是女人扭腰或者扭動臀部，都蘊含了性暗示的訊號。這種形體語言，在舞者的身上，在女模特兒的身上，你會經常看到。

（5）從臀部看女人

走路時左右臀上下擺動的女人往往熱情而不拘小節，好幻想，不喜歡戶外運動。走路時左右臀幾乎不擺的女人現實而富於功利心，她們像喜歡運動那樣喜歡戀愛，目的似乎只為了自己。臀部安靜時自然上翹的女人多數熱情開朗，喜愛交際又敢愛敢恨；安靜時臀部下垂的女人多數性情溫順，對愛情專一而且執著。

2 從手機放的位置，識別男人心

男人把手機放在哪個位置與他的內心是相關係的，只要妳留心一下他的手機放的位置，就能更快讀透男人的心。

（1）習慣把手機放於上衣口袋

他們習慣將手機放在胸前：如襯衫上衣口袋、西裝的內側口袋，這樣的男人做事不急不慢，不慍不火，腳踏實地，會盡一切的努力讓生活朝著他所預定的目標前進。這種男人往往比較成熟、穩重，是那種可以讓女生終身依靠的男人。

愛情方面：表面上，他不一定擁有兩性關係的主導權，但是在內心裡，他可是操盤手。對他來說，愛情與麵包是同樣重要的。

工作方面：因為他富有遠見卓識，就算現在的他還很年輕，尚未能在事業上有重要的建樹，但將有頗為理想的發展前景。

性愛方面：隨著年齡的增長，性將逐漸對他失去吸引力，尋求心理上的滿足會隱藏在潛意識裡。

性情方面：對形象過度重視，有時候比妳還挑剔呢！

（2）習慣把手機握在手裡

習慣將手機一直拿在手上的人，對生活有極高的熱情，不到非休息不可的最後一分鐘，這個男人是不會上床休息的，妳可能會發現他喜歡睡在浴缸裡或躺在客廳的電視機前。

愛情方面：他對伴侶的期待，是希望妳有如戰場上的戰友，和他一起對抗一切困難險阻，不過對情緒的敏感程度是很有限的。如果妳真心愛他，就必須先調整好自己對兩性關係的期待，因為愛情對他來說極其重要。

工作方面：因為他的精神飽滿、精力充沛，如果是從事社交較頻繁、活動量大的工作，他的發展前景將會很理想，而這對於他來說也會有如魚得水的快樂，因為他總是喜歡挑戰、喜歡刺激！不甘於平庸安穩的生活。

性愛方面：對性的慾望需求是很高的，這點妳要提前有思想準備。

性情方面：有時候會有點不負責任的態度出現，但這也許是他任性的表現，多多和他溝通吧！

（3）習慣把手機懸掛於腰間

很多男人會將手機掛在腰帶上，原因可能是手機太大，沒有其他合適的地方放，出現這樣的情形妳可以問他，如果可以選擇的話，他會把手機放在何處。如果他還是選擇掛在腰上時，妳可以再注意一下他所掛的位置。掛在前方的男人，對生活中的所有事物，都有一套自己獨特的想法和做法，對生活的態度是坦率而真誠的。掛在腰帶後方的男人，對生活也很有創意，只是可能凡事喜歡留一手，不將事情完全說清楚，因為這是他的習慣也是他的樂趣。

愛情方面：對愛情的態度是積極並且主動的，表達的方式或許因人而異，但是他絕對不會

放棄對妳表達愛意的任何一個機會。

工作方面：「賺錢養家是男人的責任」，對他來說是天經地義的事，所以他會很努力工作，甚至一天兼職三四份工作並且以此為樂。

性愛方面：對性的觀念很傳統。

性情方面：或許妳會發現他對生活的感覺有點粗糙，換個角度看，這也是男人和女人魅力不同的地方啊！

(4)習慣把手機放於褲子後面口袋

將手機放在牛仔褲或西裝褲後面口袋的男人，表達方式是溫和、友善，卻帶著強烈的戒備心，他有著一些不希望人知道的心裡小祕密，對越疏遠的朋友反而越親密，越接近他的人，卻發覺他越疏遠。

愛情方面：在愛情的關係方面，他會令妳感到若即若離、忽遠忽近的。如果妳深陷其中不可自拔，請務必小心經營你們的愛情。聽說過放風箏的方式嗎？要得到他的愛，先給他充分的自由。

工作方面：對工作抱著很多的理想和抱負，但是常陷在思考的泥沼裡，多了一點玩心，少了一點耐心。如果他的創意能與實做型的同事配合的話，將會有預料不到的成功。

性愛方面：柏拉圖式的愛情，愛與性是並存的。

性情方面：他的情緒起伏很大，容易多愁善感，大多是因為心裡不為人知的小祕密造成的，你們在一起就多多關心他吧！

（5）習慣把手機放在看不到的地方

所謂看不到的地方，就是將手機放在背包或者公事包裡。這樣的男人做事一定深思熟慮、胸有成竹。對自我的要求很高，自尊心很強，舉止優雅風度，對人親和卻很少採取主動。

愛情方面：對伴侶的要求嚴格，除了喜歡妳、愛妳之外，最好妳還是個各方面都優秀的女性。這樣的性格使他對愛情會有失落感的，因為百分百完美的女性幾乎是不存在的。多和他溝通，讓他知道妳很愛他。

工作方面：他是天生受上天恩寵的人，有著無窮潛力，只要抓住一次成功的機會，就有可能平步青雲。但因為他太突出，往往會招來一些小人的嫉妒，所以請他注意自己的處事方式。

性愛方面：很溫柔。

性情方面：過於追求完美也會給他帶來一些壓力，妳要多鼓勵他敞開胸懷，做一個快樂的自我。

(6) 經常忘了帶手機

他是不是又忘了帶手機了？像這種經常忘了帶東西的習慣也是有一些暗示的喔！如果妳不了解他的生活目標，不要驚訝，他自己也處在迷糊的狀態；不過不同的是，他可是個樂天派的人，是那種俗稱「沒心沒肺」的男人。這種男人性格外向，為人和藹可親，喜歡廣交朋友。

愛情方面：雖然他看起來馬馬虎虎，但對愛可是很清楚的，是個典型的嘴花心不花的可愛男人。

工作方面：雖然老闆常找不到他，卻因為他對工作和對人的熱情，在職場也會很出色的。

性愛方面：他注意的重點是過程及有趣程度。

性情方面：這個男人是大智若愚的典型，在他的身上，缺點有可能就是優點喲！

3　從親吻的方式來看男人

愛情是如此的豐富，世界才變得如此豐富多彩，百態千姿。作為女人，如果妳正在熱戀中，不妨留心一下他的吻。

下面看看他所喜歡親吻的部位所表現出來的心理狀態或特徵：

（1）親吻頭髮

在兩性關係上，這種人比較愛吃醋，忌妒心很重，具有很強的占有欲。在感情生活中，他們常常會受到挫折，有時還會為情愛身敗名裂。

（2）親吻額頭

積極創造人生的人，人際關係良好，能夠給人溫柔體貼的感情，這種人的愛情盡在不言中。

（3）親吻眼睛

這種人可以不惜一切為愛情犧牲，他們希望能夠征服心中的情人。資料顯示，這種人也喜歡親吻性感地帶。

（4）親吻鼻子

這是最喜愛做愛的人。這種人有雙重個性，他們很貪玩，不容易建立良好的事業基礎。

（5）親吻臉頰

這種人比較平和，「以和為貴」是他們的處世準則。他們比較重視友誼，能夠始終忠於愛情。但是這種人比較容易受騙。

(6) 親吻耳朵

這種人是最善解人意的，他們很容易了解別人的心事和痛苦。在感情上，他們敢愛敢恨。這種人很會利用別人達到自己的目的。

(7) 親吻嘴部

這種人對愛情很專一，吻了別人就說明他們已經以身相許，這種人有很強的道德觀。

(8) 親吻脖子

這種人對愛情一般都是三心二意，在他們的心目中，不會有什麼天長地久的戀愛，但卻常常要求對方死心塌地等待自己。

(9) 親吻肩部

這種人在精神上很需要安慰，但是他們即使內心無比渴望安慰，也從來不會輕易表達出來。這樣的人很容易陷入別人安排好的圈套之中。

(10) 親吻手臂

這種人很善於尋找人生的機會，他們懂得試探別人的需求，很會尋找良好的機會。

(11) 親吻手背

這種人常常被別人稱為「情聖」，他們不僅懂得掌握男女感情，還懂得伺機而行，野心大得很。

(12)親吻手心

這種人很渴望得到對方的真心，他們通常希望得到有品味的愛情。

(13)親吻腳和腳趾

這種人比較尊重對方的感覺，一般會把對方當成生命中最重要的人物。因此他們常常會委曲求全，以便獲得對方的心。

當然，要在戀愛的時候正確判斷一個人的個性，專門從親吻這一項來下結論未免失之偏頗，所以，上述只是提供一個參考方向。

4　從髮型判斷女人

髮型是女人的第二張臉。不同的髮型的女人，有著不同的性格和心理。透過女人的髮型變化可以了解她。

(1)飄逸的過肩長髮

這類的女性比較清純可人，內心淳樸，個性溫柔善良，人緣好，朋友廣。她們認為女性的

天職是相夫教子，在婚後願意盡力照顧好家人，生子後會樂意做全職的家庭主婦。

(2)波浪型過肩長髮

這類女性希望把自己打造得充滿魅力，喜歡個性自由的生活環境。她們也常常令前來追求的男人想盡辦法來取悅她們，她們的這種性情對男士非常具有吸引力。這種女性對事業雄心勃勃，她們認為事業的成功是提升魅力的籌碼。

(3)沒有任何修飾的長髮

這類女性很少給頭髮做護理，因為她們認為裝扮自己是在矯揉造作。於是，她們喜歡素面朝天，不化妝也不穿亮麗的短裙，衣服顏色單調，給人一種質樸大方的形象。這類人往往很有內涵，但往往因循守舊，缺乏創新精神。

(4)披肩髮

中長髮披肩，既不會短的有點「男人氣」，也不會顯得太「女人味」。這類女性是中庸之道的擁護者，衣服既不會光豔炫目也不會很樸素，既不是時尚的跟風者也不是落伍者。這類人既不守舊，也不主動衝在前面，容易出現滿足心理。

(5)短髮

這類女性看起來精神爽朗，充滿朝氣，她們不在意因此失去了幾分女人味。她們的生活

很有條理，做事情知道緩急輕重，主次分明。而且總是用最直截了當的方法處理事情，不喜歡拖拉。

（6）梳髻

這類女性端莊自律，是傳統習俗的擁護者。她們重視家庭，懂得關心親人，努力維護長者的威信，在長輩面前是個懂事的孩子。不喜歡改變，而且執著於傳統美德。

（7）綁辮子

這類女性給人的印象是幹練豁達。她們生活往往一絲不苟，少有變動，為人處事很有原則性。對她們而言，處理一件事的正確方法只有一個。為了維護自己的立場和觀點，她們往往很固執，喜歡把別人的建議拒之門外。

5　男人的小動作莫輕視

男人的小動作能洩露出他的真實個性，不要忽略他的小動作。無論這個男人多麼善於偽裝，他那些不經意的小動作會洩露他的真實個性。

像那些坐在椅子上會不停的更換腳的動作，從左邊換到右邊，再從右邊換回左邊的人，這表示他容易緊張，甚至有一些焦慮、沒什麼耐心。要讓他停止這種舉動，最好是找一些他有興

趣的話題和他聊天，分散他的注意力，他的腳就不會動來動去了。

喜歡用手指頭在桌上敲出「叩、叩」聲的人，通常他認為這世界上什麼事情都是非常無聊的，都不能引起他任何的興趣。所以如果當妳在對他說話時，他會不停用手去敲桌子、身體坐在椅子上還會將椅子前後不停搖動，那表示他現在心情非常差，因為妳的話題實在太無聊啦！如果不想讓他抓狂或拍桌子，趕快換一個新的話題吧！

坐的時候喜歡弓著背，用手托住下巴的男人，這種男人一般來說都是無精打采、精神渙散的人。因為他對自己沒什麼信心，不管是做什麼事情，或是在任何場合裡，他都會將自己隱藏起來，是一個沒什麼存在感的男人。若想要改變他這種樣子，就得要常常說一些鼓勵的話來激勵他，或是給他一些能表現的機會，讓他獲得一些成就感之後，自信心就會比較強一點。但是這種人通常都是滿悲觀的，在激勵過程中不要給他太大刺激，萬一他一時想不開跑去自殺或是做傻事那可就不妙了。

說話時會不停用手指摩擦鼻子，這表示他是一個相當敏感，甚至有一些神經質的男人。「如果我的祕密被揭穿了，到時該怎麼辦？」、「我說的話對方不知會有什麼感覺？」等等，和妳說話時他的心中只在意這一類的事情，所以為了讓自己說話時能更集中注意力，他只有藉著擦鼻子來提醒自己，還真是辛苦啊！

5　男人的小動作莫輕視

說話時手的動作非常大的男人，希望對方能將他的注意力完全放在自己的身上、自我意識很強的人，通常在說話的時候，手會不停舞動著。他甚至會主導整個說話的過程，簡單的說就是：「看過來！」一切看他、聽他的就對了。宛如表演個人舞台秀一般，很強勢的將他的意見全部灌輸給妳，遇到這種男人，妳只有聽的份啦！

習慣不停摸頭髮或摸耳朵的人，會有這一種舉動的男人還真不少呢！像小丸子卡通裡的花輪君就是一個經典代表。這種喜歡有事沒事就撥弄著他自己的頭髮或摸摸耳朵的男人，都是那一種心思超級纖細，甚至有一些敏感的人。有時妳認為根本沒什麼大不了、雞毛蒜皮的小事也會令他在意、傷心好久。所以和這種人相處還是小心一點，免得他會「受傷」。

不管是聽人說話、或是他自己說話時，站著、坐著，都習慣將兩隻手重疊放在胸前的人，就表示他是一個警戒心相當強的男人。他不會輕易相信別人，隨時隨地都是「備戰狀態」。做任何事情都是非常慎重，腦袋非常清楚自己在做些什麼。如果妳喜歡的人在妳面前也是兩隻手緊抱住胸前不放，那我勸妳還是死心吧！因為他根本一點都不在意妳，把妳和其他人一樣全部「摒除在外」。

如果有一個男人一站在妳面前，就馬上臉紅，然後變得語無倫次，就表示他對妳是相當在意！因為在喜歡的人面前再鎮定的人，也常常會手足無措，這種反應是非常自然、無法掩飾也

無法偽裝的。

不管什麼時候，都一直緊咬著嘴唇不放的人，就表示他現在正沉浸在某一件事情裡，注意力非常集中，不希望任何人去打亂他的心思。這種人老是心不在焉、看起來有一點怪怪的，是一個完全活在自我世界裡的人。

不斷吐出舌頭的人，他不是為了散熱，而是一個緊張大師。這種人非常容易緊張，該怎麼做才能完完全全將自己的想法傳達給別人呢？該怎麼做會比較妥當呢？說話、做事情都處在一種很緊張的狀態之下，只好靠吐出舌頭來緩解他的壓力。

6　吃的方式，可知人性

民以食為天，不同的吃相，不同的性格，在餐桌上細心多觀人就可知人心。

有的人喜歡將食物分割成若干小塊，然後一點一點慢慢吃，或者食量很小，吃一點就放下碗筷不吃了。這樣的人多是比較傳統和保守的，他們為人處世比較小心謹慎，不會輕易得罪人，在很多時候都充當好好先生、好好小姐，保持中立。他們為避免風險，凡事喜歡墨守成規，按照舊有的方法去完成。這一類型的人由於缺少冒險精神，做事穩妥有餘，但幹勁不足，所以在事業上所取得的成就不是很大。他們在很多時候比較機智和圓滑，有自己的主張，不會

輕易接受他人的建議，但又不會表現得過於明顯。

吃東西時很講究程序化，總是一項一項全部做到位以後，才坐下來慢慢吃。這一類型的人思想多是相當縝密的，對於一件事情，他們總是會花很多的時間去考慮，把前後左右凡是可能出現的問題都想清楚，並做出了適當的應對方法以後，才會動手去做。儘管他們凡事已先做好準備，但有時難免會有意外的事情突然發生，如果是這樣，他們就會感到措手不及，不知該如何是好。而且他們相當挑食，所以，他們的身體可能不會很強壯，但頭腦和智慧卻是足夠用的。

吃東西狼吞虎嚥，風捲殘雪，一頓飯幾分鐘就吃完了。這樣的人大多有較旺盛的精力，他們的性情很坦率和豪爽，待人真誠、熱情，做事乾脆、果斷，自我意識比較強，有些時候常常自以為是，而聽不見他人的規勸。他們有很強的競爭心理和進取精神，絕不會輕易妥協認輸，而總是要與對方拚上一拚。

吃東西的速度極慢，總是細嚼慢嚥的人，他們在為人處世方面多是相當重視過程的，相對於結果而言，常常是過程會給他們帶來更大的快樂和滿足。他們做事周密嚴謹，一般時候不會打沒有把握的仗。他們較為挑剔，對人對己要求都很嚴格，有時甚至達到苛刻、殘酷的程度。

吃東西不知道加以節制，看到喜歡的就一定要吃夠，這一類型的人，性格大多比較豪爽和

耿直，他們多有很好的人際關係，具有一定的組織能力，能使自己的周圍經常團結著許多人。他們不懂得也不會掩飾自己的情緒，喜怒哀樂往往全部寫在臉上，讓人一目了然。

從來不喜歡和他人一起用餐，而樂於自己單獨一個人靜靜吃飯。這樣的人大多性格比較孤僻，有些自命清高和孤芳自賞。他們比較堅強，做事也很穩重，具有一定的責任心，能保持言行的相對一致，做到言必信，行必果。一般來說，他們在很多時候都能讓自己的上司和親人、朋友感到滿意。

對所吃的食物不加以選擇，常常是來者不拒。這樣的人大多親切而隨和，不僅是吃飯，就是在生活的各個方面也都不拘小節，更不會為一些雞毛蒜皮的小事而計較。他們的頭腦一般來說是比較聰明的，很有才華，而且精力相對旺盛，能夠同時應付幾件事情而做到遊刃有餘。

7　看透花心男人

男人花心，這是男人們無法否認的事實，只是程度輕重不一而已。所以作為一個女人，懂些識術是非常必要的。聰明的女人可以透過以下細節來識破花心男人的心理：

(1) 拆穿謊言

花心男人喜歡跟別的女人鬼混，而且經常以工作忙或應酬為藉口。遇到這種情況，妳就直接打電話到他的公司向他的同事詢問相關情況，看他到底是不是真的忙於工作和應酬。這件事情也可以讓妳的好朋友幫忙去做，這樣更保險。當妳發現他說謊了，妳就應該重新認識一下這個男人。

（2）變換約會時間

花心男人總認為與妳約會的時間是固定的，所以在那個時間之外就有可能與其他女人在一起，如果妳經常改變約會時間，讓他在與別人鬼混時擔心妳會打來電話，所以他很可能有所收斂。

當妳突然出現在對方面前時，如果他充滿驚喜，則證明他深愛著妳；如果他表情慌張、不自然，妳就知道是怎麼回事了。

（3）旁敲側擊

當花心男人鬼混後回到妳的身邊，他的內心會有所愧疚，因此他很可能對妳大獻殷勤，買禮物給妳或者主動收拾家務。如果這些舉動在往常是不曾有過的，妳就應該注意了，這一定另有蹊蹺。

妳和他纏綿一番，正當他心境激蕩的時候，湊到他的耳邊輕聲問道：「昨天晚上，我的一個朋友看見你……」如果他心裡有鬼，一定會急忙問妳：「看見我做什麼了？」

（4）觀察他近日的生活消費

花心男人也不容易，因為這非常費錢。所以，即使他收入不菲，仍會時常囊中羞澀，因而偶爾會表現出不尋常的小氣。

如果妳得知近期沒有花費鉅資購買奢侈品，而他的錢卻不知花在了何處，妳就應該多加留意了。妳可以從他的口袋找出消費的收據，就知道他在哪些場所活動了，真相也就不言自明瞭。

（5）注意他的異常舉動

當花心男人和另一個女人鬼混的時候，如果這時他的電話響起來，他會覺得很煩躁。所以，有經驗的花心男人習慣把手機調成靜音或乾脆關機。

當妳和一個男人約會的時候，如果他的手機一直很安靜，並且趁妳不注意的時候獨自跑到陽台上接聽電話，那多半有不可告人的祕密。所以，妳需要找機會瞧瞧他手機裡的通話紀錄或LINE訊息，這樣能發現新線索。

（6）留心他身上的香水味

女人都喜歡用香水，而且對自己的香水品牌十分鍾愛。當有一天妳發現他身上散發的香水味不是妳使用的香水時，他就很有可能與別的女人有染。

花心男人也深知這點，所以經常喜歡換衣服。當妳發現他把剛穿不久的乾淨衣服換下來洗掉時，妳就要留意了。妳可以趁他熟睡的時候，換個腔調打電話給他，並讓他猜猜妳是誰。

花心男人非常狡猾，他們擅長偽裝，讓妳無從發現。所以，識別花心男人需要妳運用多個方法來考驗他。

8　男人有外遇的徵兆

男人有外遇是有跡可尋的，可從以下幾個方面來注意觀察對方：

(1) 外觀

一個有外遇的男人，最顯著的變化首先反映在穿著打扮等外觀形象上。本來對新潮服裝和打扮並不很感興趣的丈夫，突然開始關心和注意起自己的外觀打扮來了，這時，妳應當進一步留意他是否與某位神祕的第三者有祕密的往來了。

(2) 時間

本來經常準時回家的丈夫，突然變得經常晚回家或者過早離家，而且還喜歡經常打聽配偶的作息時間，如何時出差，何時加班，何時回家，以便摸清情況，利用配偶不在家或外出的間隙機會，與情人幽會。

(3)情緒

一個已經變心而另覓新歡的丈夫，不論其如何偽裝、製造假象迷惑配偶，只要留心觀察，都不難發現其變心的蛛絲馬跡。有的有外遇的丈夫突然對妻子變得比以往更熱情、更討好，有時甚至會把與情人幽會後的興奮情緒帶回家中，表現在妻子面前；而有的外遇者則相反，會突然對配偶變得比以往更冷淡、更挑剔、更無情。

(4)習慣

有些習慣和常規的突然改變，大多都是事出有因的。例如，一個本來對工作並不十分熱心的丈夫，突然聲稱最近工作很忙，需要加班，還要外出出差等等。其目的是為了利用更多的時間去與情人約會。

(5)性生活

性生活往往是檢驗夫妻感情好壞的試金石。一個正在變心或已經變心的丈夫，在性生活中再無平時的那種熾熱感和溫情感了。對他們來說，性生活已經變得徒有其名，而失去真實的情感內涵。如果發現配偶對性生活突然變得異常冷淡、缺乏熱情，同時又無法用疾病生理等原因加以解釋，那麼，你們夫妻間的關係肯定是出問題了。

(6)活動

由於外遇者的活動絕大多數是祕密進行的，為了躲避配偶或熟人的視野，他們總是煞費苦心尋找一切有利時機進行接觸。這時，對他們來說，時間和機會是最重要的。為此，他們總是尋找種種藉口，一反常態，熱心參加原來並無興趣的活動，如晨練晨舞、晚間散步、團體聚會等等。

(7)電話

電話是外遇者常用的聯絡和約會方式。但外遇者對電話往往是反應異常的。通話時常使用一些暗語或雙關語，一旦發現配偶或熟人注意時便神色慌張掛掉電話。有時，則藉故溜出去打公共電話，或找一個冷僻的地方打電話，都是為了隱匿其行為蹤跡。

(8)實證

外遇者儘管小心翼翼，千方百計掩蓋其活動真相，但有時也會有所疏忽，露出馬腳。例如，將情人的資訊遺忘而沒有刪除，或者將與情人同看電影的兩張電影票忘在外套口袋裡等等。只要妳細心查找，便可找到實證。

(9)孩子

有婚外情的男性，既有結婚多年已有孩子的，也有婚後沒有孩子的。無論哪種情況，凡外

遇者都不可避免在對待孩子的問題上暴露出來的。若爸爸比以前對孩子更冷漠，即一旦發現丈夫對孩子的態度發生與以往不同的明顯變化，那麼，問題就值得深思和懷疑了。

（10）開銷

有外遇後，開銷增加。於是藏「私房錢」，向妻子隱瞞各項額外收入。丈夫給妻子的「外快補貼」明顯減少，錢都被挪作「他用」了。

以上所列，是男人情感走私的通常表現，但這並不是說，凡有上述表現者一定都有外遇。不過，可以肯定的說，在十種表現中如果其中有五種表現同時出現，經配偶發現後仍無收斂，那麼，情感走私的可能性就很大了。

9　女人有外遇的徵兆

外遇是非常隱祕的事，尤其是女人會更加小心謹慎。但是，凡事都有徵兆，做丈夫的你要留心看你妻子是不是表現反常，以判定她是否有外遇。其具體表現如下：

（1）電話接通後對方不講話就掛斷

你家裡的電話像是出了什麼毛病，當你接通時，對方卻沒有講話，你「喂」了幾聲後對方卻把電話掛斷了。這樣的情況如果出現幾次，可能是你的她已經有外遇的訊號。

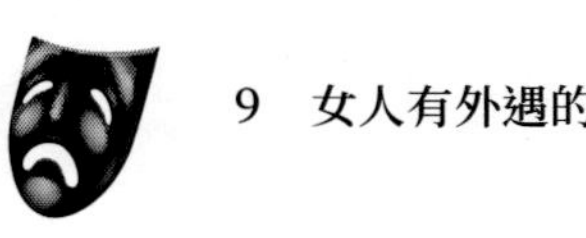

(2)她突然與你爭著接電話

過去，你家裡電話鈴聲響起時，並不一定都是你的妻子去接聽，突然從某一天起，她總是搶在你的前面去接聽電話，並且交談的聲音比往常低，交談幾句就匆匆掛斷。

(3)她突然變得愛穿著打扮

撩人的內衣通常是外遇的必備品，每當你妻子晚歸時，身上總是穿著新買的內衣（胸罩、內褲、襪子）；或者，每當你的妻子出差、旅遊、參加會議時，行李箱裡總是帶些性感的內衣，或用最好的化妝品，顯得格外年輕漂亮。

(4)往常的工作習慣、生活習慣突然改變

妻子的工作時間突然無故延長，加班的次數變得頻繁，對一切活動，如舞會、聯誼會、旅遊等參加得比往常積極。

(5)人在曹營心在漢

在家裡時，妻子總是坐臥不安、心神不寧，夢中囈語呼喚著一個異性的名字，以往對你的體貼一下子消失得無影無蹤。

(6)談話變得反常

妻子與你的談話次數變得越來越少，電視看得越來越多；某個異性的名字突然常在她口中

提及，或者以往常提的名字突然不提了；妻子開始說些不像平時會說的觀點或笑話。

（7）性生活習慣突然改變

你的妻子找藉口拒絕與你做愛，做愛時不再親暱呼喚你；不過，有時候也有相反的情況：她突然變得興致勃勃，要求變換一些新的做愛技巧，甚至花招迭出，而很多新花招都是你不知道的。

（8）行蹤可疑

妻子突然變得提前上班或晚歸，當你打電話找她時，總是很難聯絡上；夜間加班或上進修課的時間比平常延長很多，總是不能如期而歸；有人發現你的妻子經常與異性出入賓館或飯店。

（9）她突然變得無理取鬧不盡人情

外遇的一方為了尋找心理平衡，有時會故意找碴激怒你，這樣能讓她覺得和你這樣暴躁易怒的人在一起，外遇也是理所當然的。

（10）可疑的物品

妻子經常帶回鮮花、禮物或紀念品；你幫她洗衣服時發現情人節卡或某賓館、舞廳的優惠卡；你與妻子很久沒有過性生活了，但突然從她衣服口袋裡或提包裡發現了保險套或避孕藥。

（11）同事、鄰居、同學、朋友看你的眼神很特別

當你的妻子有外遇時，通常知道最晚的是你。你的同事、鄰居、同學或朋友可能先於你知道，當他們親眼看到或耳聞你的妻子有外遇時，想告訴你又擔心你承受不了，所以，他們看你時的眼神總是顯得與往常不一樣。

（12）她不再企圖說服你改變壞習慣

如果你有賭博、酗酒等不良習慣，過去你的妻子一直嘮叨著企圖勸你改掉它，可現在她卻突然不再嘮叨了。

（13）不再埋怨性生活不滿足

你的妻子過去經常埋怨性生活不能讓她滿足，可現在不再抱怨了，或許她已從情人那裡得到滿足。

（14）力圖積存私房錢

你的妻子深陷外遇而不能自拔時，自然要為他們在一起時的花費，甚至為他們以後的結合做打算。這時她的財務不再像往常那樣透明，連以前願意負擔的家庭支出也斤斤計較，甚至不願支付。

(15) 妻子突然變得愛健身

你的妻子為了取悅情人，會突然開始減肥，堅持做健美操，甚至常去健身房。

(16) 你的孩子變得特別黏人、好動

孩子是很敏感的——母親有外遇時孩子會很敏感覺察到，他（她）會感到困惑，進而以為是自己做錯了事才惹得媽媽那樣，在龐大的心理壓力下可能出現尿床、無理取鬧、做惡夢等現象。如果他們是青少年，便可能會喝酒、亂交朋友、打架，甚至會在大雨中將自己淋病。孩子的這些行為主要是潛意識中希望藉此把母親的注意力從外遇中拉回來。

以上所列，是女人情感走私的通常表現，但這並不是說，凡有上述表現者一定都有外遇。不過，可以肯定的說，在十六種表現中如果其中有八種表現同時出現，經發現後仍無收斂，那麼，她情感走私的可能性就很大了。

10　從花錢方式上看男人

在不少男人的眼光中，金錢不但是一種財富，而且是他們的權力和力量的象徵，也是衡量成功的一種尺度。所以，觀察他們對待金錢的態度，就可以窺見其部分的內心世界。

頻頻送禮物給女伴：這種男人既害怕失去對方，又不願意付出太多的感情。於是，就利用物質的力量，來填補感情上的匱乏，這種行為足以看出這種人的情感，經常處於一種自我矛盾的狀態。

要求女方請客：在有意無意間，他會令女方負擔起約會的費用，這種男人嚴重缺乏安全感，希望別人能以各種方式給他作保證。和這種人談戀愛時，女方很容易陷入一廂情願的境地。

斤斤計較型：能和別人因為幾塊錢而爭得面紅耳赤，卻肯花大錢買最好的音響或古董。這種人對感情可能同樣的勢利，他可能很愛對方，但絕對容不下對方做事無條理，和任何不可靠的行為或要求。

使用欺詐手段騙財：有可能做出挪用公款和其他欺詐行為的男人，對感情同樣也會有欺騙行為。

實際上很窮卻愛裝闊：這種男人對錢看得尤其重，在他眼裡，金錢勝過任何人的感情。為了賺錢，寧願犧牲和別人建立起的任何關係。

經常哭窮，實際上錢包裡有大把鈔票的人：經常覺得不滿足，總認為全世界都對不起他，要應付這種人是十分傷腦筋的。

最怕送人禮物：不懂得享受施予的樂趣，對待感情也同樣的自私，只想被愛，而不想去

另一半。

負債且生活不穩定：這種人不善處理生活的細節，更不懂得如何處理感情和人際關係，理財能力和自制力也很差。

金錢觀淡薄，常借錢給朋友：對金錢有正確態度，對感情也相當執著忠誠，值得對他付出感情。

11　男人最易出軌的幾個時刻

做女人要懂得男人最易出軌的幾個關鍵時刻，這個時期，女人要想把握住男人，就要及時做好預防，並採取相應措施，就可以達到控制的目的。

一是太太懷孕前後。因為這個時期太太往往自顧不暇，所以一些玩性未泯的丈夫便容易表現出煩躁不安，悄悄向其他異性找安慰。為此，懷孕期間的太太要努力克制自身的情緒波動，盡量保持自身的吸引力，尤其要運用好準媽媽與準爸爸這種角色喜悅來增進雙方的感情。

二是分居以後。如果是因工作等原因無奈分居兩地的話，保持密切的聯絡是必不可少的。現代的聯絡手段各式各樣，書信、電子郵件、電話等都可以綜合運用，盡量織起感情的網路。當然，節日或一些特別的日子（如生日、結婚紀念日）最好能安排時間相聚。至於因為矛盾衝

突而人為的分居，則應用解決問題的態度冷靜對待，不應一味賭氣，因為賭氣只能讓人尋求感情的外遇。而且這種分居只能是偶爾為之，還應該定一個短時間為限。一旦分居成了習慣，那麼分手就很容易成為事實了。

三是工作發生變化時，如丈夫被裁員、工作受挫等。人是需要在工作中尋找立身處世的支點與快樂的，一旦面臨失業、失意的處境，難免就會心情空蕩，茫然若失。如果這時得不到太太強有力的關懷與支持，就很容易使感情從家庭中出走，太太千萬不能大意。

四是地位發生改變時，如丈夫升了官，發了財。所謂飽暖思淫慾，這是不言而喻的。丈夫的進步，太太除了高興之外，自身也會有壓力感，要努力把壓力變為動力，不斷尋求進步。千萬不能持「夫貴妻榮」的老調子，因為這只能令妳坐享其成，不思進取。一旦丈夫覺得妳趕不上時，就可能獨自離去，到時妳只能望塵莫及，哭也沒用。

五是家庭發生變故時。有這麼一個例子，一對夫妻本來恩愛有加，沒想到三歲的女兒突然因病夭折。巨大的悲痛之下，太太整天埋怨丈夫沒有照顧好女兒，這使丈夫不堪折磨，只好逃避，外出喝酒、賭博、夜不歸宿，直至有了婚外情，棄家而去。所以，當類似情況發生時，指責、埋怨、憤恨、掙扎都是無補於事的，只有平和、積極、共同進退的心態才能面對不幸。

六是與婆家有矛盾，令丈夫無所適從。婆媳不和常常會累及婚姻，這對於丈夫是一個頗棘

手的問題。當他無法處理的時候，就會自暴自棄，獨自逃離。

以上所述，不能概全。但守住關隘，便可以讓城池不失。把握好以上幾個丈夫容易出軌的關鍵時刻，就能事半功倍，保護幸福美滿的家庭。

此外，有學者對婚外情和第三者插足而導致離婚的特點進行了分析，根據對相關研究的分析和總結，發現以下男性比較容易或者說有更多的機會婚後出軌。

（1）有錢、有權的男人。他們的金錢和地位特別會受到年輕貌美女性的青睞。

（2）對妻子不滿的男人。如果對夫妻關係或妻子的外貌、個性、性生活等不滿，他們很可能會到家庭外尋求補償。

（3）風流的情場玩家。他們多半遊戲人生，玩弄女性於股掌，缺乏責任心，鮮有真正的愛情。

（4）公司的老闆或上司。他們經常有機會碰到一些值得他們追求或主動追求他們的年輕女性。

（5）四五十歲的男人。這個時候，男人一般事業有成，貝積如山，並且顯得穩重有責任心，社會閱歷豐富，因此成為很多年輕女性的幻想目標。而面對家中「人老珠黃」的髮妻以及長期受壓抑的性，他們很有可能捲入婚外情。

(6)妻子處於懷孕及生育期間的男性，他們可能會經受不住引誘，外出偷腥。

(7)家有「大女子主義」的男人。在家庭中妻子是女強人，丈夫沒有地位，沒有威嚴，於是很可能會尋找一個「溫柔的羔羊」，聊作補償，以維持心理的平衡。

(8)經受失業或降職等不幸遭遇的男人，他們會透過婚外情尋求寄託或宣洩。

(9)追求浪漫或尋求刺激的男性。

(10)上班族男性。

(11)經常或長期出差在外的男人。

(12)婚前性經驗豐富的男性。

(13)朋友圈子中的一些人有外遇的男性。

(14)父母親中有過外遇的男性。

國外學者的研究發現，大凡有婚外情的人，其父母輩或祖輩十之八九也都經歷過婚外情，因此，得出了外遇具有遺傳性的結論。這裡不是指生理上的遺傳，而是心理上的遺傳。主要是因為下一代人對上代人的報復或補償。作為妻子要擦亮眼睛看清自己的丈夫，用更多體貼把丈夫拉到身邊來，杜絕外遇發生。但又不要過分猜忌，應給丈夫更多空間。

12 從購物來識女人

女人是家庭的主婦，是購物的主角，超市、購物中心到處是女人的身影，要知道從女人的購物類型，可透露出她們的個性。

(1) 速戰速決型

不管買一個髮夾或購置一套家具，都十萬火急般只求付款成交了事，不願在購物時多浪費一分鐘。至於所買的東西是否適用，則是以後的事。這樣的女人活潑好動，快人快語。

(2) 三心二意型

這種女人缺乏判斷力，永遠不清楚自己需要什麼。買東西對她而言是件痛苦的事，甚至連陪她購物的人以及店員都要跟著受罪。

(3) 獨立自主型

這種類型的人認為購物是自己的事，與旁人無關，只有自己中意才買，不願採納他人的意見。這是意志堅強、具有獨立性的女性。

(4) 非買不可型

不管東西是否適用，也不論價格高低，只要看中就非買不可。這種女人容易衝動、喜

怒無常。

（5）毫無主見型

外出購物時，若沒有人陪同，無論如何也買不到東西；若有朋友陪同，她買回來的東西必定是朋友所喜歡的款式，對她未必合適。這種女人的依賴性很重。

（6）三思而後行型

購物時必經過觀察、思索、分析、判斷四個階段，如果不是真的合意，絕不馬虎成交。因此，她們也是最識貨、最懂得購物的女人，不輕易浪費一分錢。一般而言，這種女人穩重、謹慎、負責、守紀律。

（7）代辦購物型

這種類型的女人購物時，清楚知道自己要買的牌子和尺碼，只要東西是她所需要的，毫不猶豫，即刻就買。她們大都具有大方嫻靜、堅毅的個性。

電子書購買

國家圖書館出版品預行編目資料

心靈測謊：你的心事，一分鐘也瞞不住！/ 劉惠丞，田由申著．-- 第一版．-- 臺北市：崧燁文化事業有限公司，2021.07

面；　公分

POD 版

ISBN 978-986-516-620-5(平裝)

1. 讀心術 2. 行為心理學 3. 肢體語言

175.92　　110004731

心靈測謊：你的心事，一分鐘也瞞不住！

臉書

作　　者：劉惠丞，田由申

發 行 人：黃振庭

出 版 者：崧燁文化事業有限公司

發 行 者：崧燁文化事業有限公司

E-mail：sonbookservice@gmail.com

粉 絲 頁：https://www.facebook.com/sonbookss/

網　　址：https://sonbook.net/

地　　址：台北市中正區重慶南路一段六十一號八樓 815 室

Rm. 815, 8F., No.61, Sec. 1, Chongqing S. Rd., Zhongzheng Dist., Taipei City 100, Taiwan (R.O.C)

電　　話：(02)2370-3310　　傳　　真：(02) 2388-1990

印　　刷：京峯彩色印刷有限公司（京峰數位）

定　　價：360 元

發行日期：2021 年 07 月第一版

◎本書以 POD 印製